U0535882

花小钱 得自由

手ぶらで生きる。

舍弃虚荣与钱包
自在生活的 50 种方法

[日] 涩谷直人 ———————— 著
Naoto Shibuya

陈欣 ———————— 译

中信出版集团 | 北京

图书在版编目（CIP）数据

花小钱得自由 /（日）涩谷直人著；陈欣译.
北京：中信出版社，2024.9.（2025.1 重印）-- ISBN 978-7-5217-1650-4

I. C913.3-49

中国国家版本馆CIP数据核字第 20242T4V40 号

TEBURA DE IKIRU. MIE TO SAIFU WO SUTETE, JIYU NI NARU 50 NO HOHO
by MinimarisutoShibu
Copyright © naoto shibuya, 2018
Original Japanese edition published by Sanctuary publishing inc., Tokyo, Japan
Simplified Chinese edition published by arrangement with Sanctuary publishing inc.
through Max-information Co. Ltd., Tokyo
ALL RIGHTS RESERVED
本书仅限中国大陆地区发行销售

花小钱得自由

著　　者：［日］涩谷直人
译　　者：陈欣
出版发行：中信出版集团股份有限公司
　　　　　（北京市朝阳区东三环北路 27 号嘉铭中心　邮编　100020）
承 印 者：北京盛通印刷股份有限公司

开　　本：787mm×1092mm 1/32　印　　张：6.75　字　　数：152 千字
版　　次：2024 年 9 月第 1 版　　　 印　　次：2025 年 1 月第 2 次印刷
京权图字：01-2024-4992　　　　　　 书　　号：ISBN 978-7-5217-1650-4
定　　价：58.00 元

版权所有·侵权必究
如有印刷、装订问题，本公司负责调换。
服务热线：400-600-8099
投稿邮箱：author@citicpub.com

无物一身轻的
自在生活

我所住的四叠半[1]、每月租金2万日元的房间，一言以蔽之，什么都没有。没有冰箱，没有电视，没有桌子、床，也没有收纳用具。

---

1 四叠半约8平方米。叠：日本常用的表示面积的单位，一叠即一块榻榻米的面积。四叠半是日本建筑中最为标准化且最小的居住单位。——译者注，下同

没有窗帘。别人问我:"你在房间里不会静不下心来吗?"不如说,有了窗帘我才会静不下心来,也许我多少有些"变态"。

若要添置新物，就选"有投资价值的物品"

生活中必要的物品并不多。那些既能化繁为简，又能产出"健康""时间"的东西，我会毫不犹豫地入手。

无论是工作，还是用餐，我基本都在飘窗边度过。

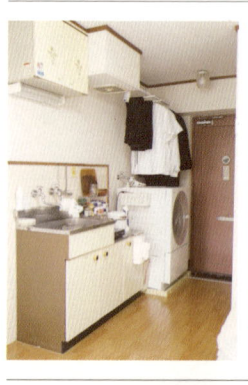

我很中意玄关附近厨房区域里洗衣烘干一体机和厨柜并排的布局。无须走动便能解决家务——这是重视"极简主义布局"的结果。

因为每天去健身房，所以几乎用不上浴缸。我只把剃须刀、牙刷什么的放入可吊挂式洗脸用具盒，旅行的时候，原封不动带走即可。家里没有洗发水，我持续5年用清水（热水）洗头。

厨具——一口宫崎制作所（GEO Product）的不锈钢锅，绰绰有余。迷你电饭煲可以放入1.5合[1]米，20分钟就可以煮好米饭。蒸红薯的时候，我也会使用它。

因为没有冰箱，我把经常温贮存的蔬菜、罐头、糙米等放于水槽下。

---

[1] 1.5合米重约225克。合：日本传统计量单位，10合等于1升。

松下（Panasonic）的滚筒式洗衣烘干一体机御铂夫（Cuble）系列，14万日元入手的旧款，相当于我7个月的房租。这台一体机虽然不便宜，但多亏了它，我不用再为晾晒衣物而费心，也省下了去自助洗衣房的费用，这让我非常满意。

厨具、餐具也适于自己一人使用，备好最少而够用的量。厨具清一色选择不具生活感的银白色款式，餐具根据每天的固定餐食，选择木制菜盘。

艾罗伯特（iRobot）家的扫拖一体机器人"布拉瓦"(Braava)每天把家里的地板擦得透亮。

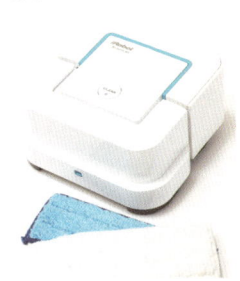

冲牙器。看到"80%的日本人患有牙周病"的新闻后入手。

吹风机选用的是戴森（DYSON）的高速吹风机"Supersonic"。这是大约4万日元的高级家电，但是它最强档的风力可以迅速吹干头发，所以我将它买下。

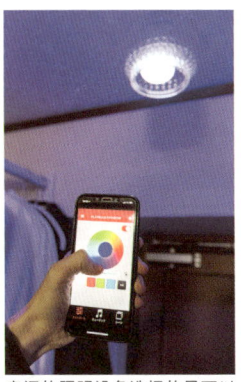

房间的照明设备选择的是可以用智能手机操作的LED智能灯泡"魔泡"（PLAYBULB），灯光有1600万种颜色可选，可以根据心情变换颜色，为生活调整节奏。

我曾经住在这样的家里

我的家境一度非常殷实，在我初中升学的时候，因为父亲个人破产，父母离婚，"想要什么就有什么"的富裕生活一落千丈，陷入没有钱的窘境。右边那张照片正是家里最缺钱、物品堆放最凌乱的时期。我们陷入了"钱越来越少，东西却越来越多"的怪圈。

衣服、鞋、包里的物品做到"最少而够用"

每天的行头——衣服、鞋在数量和颜色上做到极简。
单日使用时间较长的物件,保证一件一件精挑细选。

所有衣物都挂上衣架,实现清晰可见的收纳。关于晾衣工具,我一律选择无痕防肩角的德国MAWA牌衣架。

下身黑色长裤
[极优(GU)]×2条

上身白色短袖
[恒适(Hanes)]×4件

上身白色长袖
[优衣库(UNIQLO)]×4件

鞋子是全黑的匡威全明星经典款(CONVERSE ALL STAR)×3双
以及勃肯(BIRKENSTOCK)的凉鞋×1双

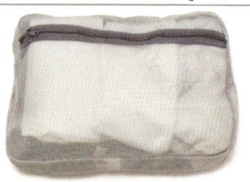

内裤4条、袜子4双,都收纳在无印良品(MUJI)的可洗衣物收纳袋中。

我的制式服装。比起"搭配各种服饰的乐趣","无须选衣轻松上路"让我感受到了压倒性的魅力。

防尘轻型风衣(优衣库U系列)×2件(2017年春夏女款)。买了第一件后很中意,在二手平台"煤炉"(Mercari)入手了第二件。

① 苹果笔记本电脑（MacBook）。"职业：极简主义者"——当决定以这样的身份生活时，通过分期付款买下（现已还清）。
② 手工皮具品牌"薄财布"（abrAsus）的小型零钱包。
③ 移动Wi-Fi。无论在家还是在外，都能通过它高速连接互联网。
④ 移动电源兼充电器。可以为智能手机、相机、移动Wi-Fi等小型设备充电。
⑤ "薄财布"的薄型钱夹。未收纳任何东西时厚度为6毫米，放入10张纸币和5张卡后厚度也仅为11毫米。
⑥ 苹果手机iPhoneX。用于使用社交媒体、电子支付、阅读电子书、记录当下的想法等。没有智能手机，极简主义者的生活便无法成形。每年换购新型号的iPhone，卖掉旧型号的。
⑦ 无线耳机AirPods。告别烦琐的有线耳机。

苹果认证品牌高迪斯奥（Côte&Ciel）的背包"伊萨尔"（Isar Rucksack）。是史蒂夫·乔布斯使用过的款式。

小型零钱包放入钥匙，并携带最少而够用的零钱。

博士（Bose）的蓝牙音箱"Sound Link Mini"。小巧便携、单手可握，音质表现力匹敌高级音响设备。我平日爱听音乐、看视频，它的作用不可或缺。

相机是索尼（SONY）α5100及全景相机影石（Insta360）"One"。小型相机可以与iPhone连接进行拍摄。

任天堂（Nintendo）游戏主机Switch。虽然是家用游戏机，但没有电视也能玩，非常便携，特别适合极简主义者。

平日这样度过

我的一天只由自己想做的事情构成,
为了那重要的 1%,舍去多余的 99%。

7:30 起床
躺在地板上,盖着毯子睡觉。被清晨的阳光唤醒,心情愉悦。喝上一杯蛋白粉当作早餐兼午餐。

9:00 上班路上
坐电车几站路,如果有一个小时,可以慢悠悠步行上班。省下交通费,又能运动,一举两得。出门前,设定好扫地机器人。

10:00 工作
写博客、通讯文章。平常使用的联合办公空间,也会用来与同为自由职业者的朋友碰面。

15:00 返程
累了或是兴致不高的时候,也会坐巴士返回。我不去澡堂,而是选择顺道去健身房流汗,然后洗澡。

17:00 购物
在超市、商业街购入当天需要的食材。我只在开始降价的傍晚购物。可以优哉游哉地挑选新鲜蔬菜,真是一大享受。

18:00 用餐
这是过"一日一餐"生活的我的基本款:红薯(紫薯)或糙米,三文鱼、金枪鱼等鲜鱼或青花鱼罐头,牛油果,蔬菜汤。

蔬菜汤是在家用鸡骨炖了 6 个小时做成的。

20:00 自由时间
上网、玩游戏、读书……把时间用于自己喜欢的事情。

22:00 
有时睡前也会冥想。我的爱"床"(地板)。

23:00 就寝

这是一个一旦决定了钱花在哪儿,不花在哪儿之后,开启人生的故事。

前言

我，一无所有。

身居几乎没有家具、家电的四叠半，月租金 2 万日元的房间。
每月的生活费是 7 万日元。
不带钱包。
衣服、鞋——每天同一副行头。
饮食上一日一餐。

读了这些，你可能会觉得："这不是忍耐再忍耐、省钱再省钱的生活吗？"其实不然。现在的我，正过着人生中最充实的生活。

我的生活方式出于"极简主义"这一想法。

更克己、更简约地调配自己——正因为与这一想法相遇，我的人生得以脱胎换骨。

我终于从将我五花大绑的"金钱"里挣脱、解放，将自由握在手上。

容我在此，稍稍叙述一下我的成长经历。

我从小是身边人口中的"有钱人家的公子哥儿"，在一个相当殷实的家庭中长大。家里有做职业投资的父亲、当全职太太的母亲，以及妹妹和我。

幸运的是，父母对我的教育是放养型。"我想要这个""我想要那个"，一旦开口，无不满足。现在回想起来，家人对我真是娇宠有加。自然而然，家里放满了东西。也就是说，我并非在一个极简主义家庭，而是在一个极繁主义家庭中长大的。

初中升学的时候，因为父亲个人破产，父母离婚，"要什么有什么"的富裕生活一落千丈，陷入没有钱的窘境。

和成为单亲妈妈的母亲一起过，生活很穷很苦。含着金汤匙出生的我无法适应这种落差，加上青春期物欲高涨，那时的我，总是怨恨家道中落——"我怎么那么倒霉？"

"要过上幸福生活需要钱。只有上好大学，进好企业才行。"我燃起执念，进入了高考升学率高的重点高中。

然而，大学入学考试我却落榜了，一下就开启了落榜生的日子。追星、打工，日复一日，过着无可奈何的生活。

如此一来，我的自负心变本加厉。我固执地坚持"非(众人另眼相看的)庆应义塾大学不去"。如今想来，我当时真是死要面子活受罪。

重考失败后，我放弃了考大学的念头，人生也进入了"放弃模式"。

到了2014年冬天，19岁便从事自由职业的我，开始梦想离开老家、独自生活。然而，经济上并不容许我这么做。

有一天，我在谷歌上搜索"没有冰箱"，这一行为无意间改变了我的人生。

我看到了一种全新的生活方式。眼前的博客里，博主的生活中不仅没有冰箱，连一般被当作必需品的微波炉、洗衣机、电视等家电都没有。

生活物品这么少，竟然还能过得这么幸福——

屏幕前的我，备受冲击，并被这种生活方式所吸引。

与极简主义的相遇，让深信"多赚钱，积累物质财富就会变得幸福"的我认识到"靠物质并不会变得幸福"。很快，我开始干净利落地处理自己的物品。

这么一来，我现在的生活只靠最少而够用的物品。我过着与压力和不安无缘的生活，算是花小钱得自由。生活中也无须为了金钱而做出牺牲。

正因为过着花小钱的生活，我才更加明白什么对自己重要，也戏剧般地开启了新人生。

过东西更少、质量更好的生活。

用最少量的金钱和物品生活,会有新的收获。

让我来介绍这种"花小钱得自由"的方法。

目录　　　　　　　　　　　　　　CONTENTS

引言　我的开始是"金钱极简主义" ———————— 001

第 1 章　让生活变得自由

01 身居四叠半
月租金 2 万日元、小房间的舒适生活 ———————— 006

02 直接睡地板
睡高级床垫、睡地板，睡眠质量都一样 ———————— 010

03 没有冰箱
只在必要时，购买必要的量，停止囤货 ———————— 014

04 没有电视
减少被动的娱乐，增加自发性活动 ———————— 017

05　每月生活费 7 万日元
自己把握一个月必要的开销 —————————— 020

06　通信费控制在 5000 日元以下
通过廉价 SIM 卡和移动 Wi-Fi 将通信费减半 —————— 024

07　提高固定开销比例而非变动开销
巧用定额服务 ———————————————— 027

08　没有收纳用具
用房屋自带的收纳空间解决收纳问题 ——————— 030

09　搬进小房子
与其"努力扔",不如"努力搬" ———————————— 033

第 2 章　让物品变得自由

10　没有钱包
无风险、好处多的无现金生活 ————————————— 038

11　每天同一副行头
把自己最中意的服饰,当作自己的"制服" ——————— 042

12　不选"限定款",要买"经典款"
无论何时何地,买的就是放心 ————————————— 046

13　灵活运用租赁和共享
当今趋势,从拥有走向利用 —————————————— 050

14　手机选大屏
选择物品时有自己的优先顺序 ————————————— 053

15 思考"退场策略"来增值
在二手口红也可畅销的"共享时代"应具备的必要技能 —— 056

16 若要添置新物,就选"有投资价值的物品"
能产生价值的东西就毫不犹豫地入手 —— 060

17 不是挑"喜欢"的,而是挑"特别特别喜欢"的东西
列出"100件心爱之物的清单",让喜好更直观 —— 064

18 有时间烦恼,不如干净利索地购买、丢弃
通过反复试错磨炼直觉 —— 068

19 从消费者视角转向生产者视角
消费和药品一样,有"不健康的快感" —— 071

第3章　让身体变得自由

20 过"一日一餐"的生活
用人类原本的饮食方式找回健康 —— 076

21 食材标准化
避开加工食品,吃自然食材 —— 080

22 花钱也要防患于未然
低标"一天一万步",保持身体健康 —— 084

23 控制食欲
控制食欲不靠"忍耐",靠的是"肠道" —— 087

24 避开容易上瘾的食物
重度咖啡上瘾者,尝试戒掉咖啡因 —— 091

25 用饮食体验"极致豪华"
　　花些工夫做适合自己的菜 ———————————— 094

26 了解"健康"是最大的资产
　　正因为不会立时见效,更要注重每天的应对 ———————— 097

第 4 章　让时间变得自由

27 选择让自己的时间变得幸福的东西
　　不被轻松所迷惑,看清必要的东西 ————————————— 102

28 只在便利店领取包裹
　　一天 24 小时,无须签名即可领取 ———————————— 105

29 投资产出时间的工具
　　清空你讨厌的家务,用省下的时间做喜欢的事情 ————— 108

30 了解"消费物品等于消费时间"
　　摆脱"被物品不断夺去时间的人生" ——————————— 112

第 5 章　让思考变得自由

31 为了真正重要的 1%,舍去多余的 99%
　　需要的东西没那么多,排除人生中不需要的东西 ————— 116

32 抛开"钱、时间、空间、管理、执着"的杂念
把不必要的杂念抛在脑后——通往"腾出手"之路 —— 120

33 遵守"单点豪华主义"和"舒适原则"
选择简单、满足度高的花钱方式 —— 124

34 将选项控制在三个以内
减少选项,走出"不幸的迷宫" —— 128

35 不知足焉能幸福
与其做"最大化者",不如当"知足者" —— 131

36 只"为将来无须努力而努力"
化"麻烦"为动力 —— 134

37 不拉高生活水准,下调满意的水准
知道自己的消费"天花板"并保持这一水平 —— 137

38 敢于打破"自己的常规"
保持质疑,并重塑自己的常识 —— 140

39 最大限度地接收
"你认识的人"给出的信息 —— 143

40 赢得人们的信赖
增加粉丝数量,把信用化作金钱 —— 146

41 积极转化自卑感
"少""不够"是一种魅力 —— 149

42 停止浪费才能
通过"找到强项"加深对自己的理解 —— 153

第 6 章　让人际关系变得自由

43　不是将"物品",而是将"经验"当作资产
旅行的回忆是一生的珍宝 ——————— 158

44　60 万日元以上便不再存款
多余的钱不断分给别人 ——————— 161

45　不要成为"恩情的奴隶"
恩情不是用来回报的,而是用来传递的 ——————— 165

46　明确表明"讨厌什么"
能说出"喜欢那个,讨厌这个"才是极简主义者 ——————— 169

47　不要害怕伤害别人,或是被别人伤害
"原来也有这样的想法呢"无法收场 ——————— 173

48　不送会消耗对方能量的物品
别轻易送出千纸鹤、贺年卡等有形的东西 ——————— 177

49　只和能带来利益的人往来
人际关系因利害得失而建立 ——————— 180

50　物品要少,"心灵的依托"要多
拓展人际关系,分散风险 ——————— 184

后记 ——————— 187

参考文献 ——————— 191

引言——我的开始是『金钱极简主义』

许多人对极简主义者的印象是"不拥有物品的人"。这种看法一半正确、一半错误。极简主义者（minimalist）的词源来自minimal，即"最小限度"的意思。

如果追根溯源，极简主义（minimalism）的概念是从极简艺术（minimal art）这一艺术领域发展而来的。

最易懂的例子便是苹果公司的产品吧。为了突出如今家喻户晓的"苹果"商标，公司将不必要的设计削减到了极致。

换句话说，**极简主义的本质在于"凸显"，即为了突出某一重点而削减其他要素。**

"简单"和"极简"的区别是什么？

起初我想成为极简主义者单纯是为了"想一个人生活"。

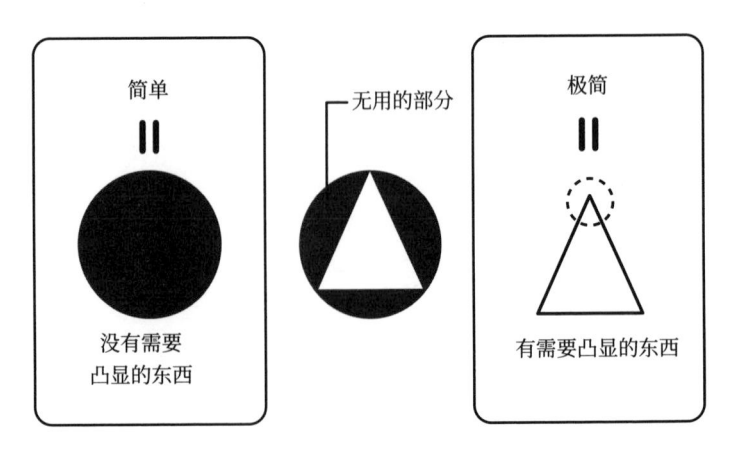

简单		极简
‖	无用的部分	‖
没有需要凸显的东西		有需要凸显的东西

我考虑的是如何在没有钱的情况下开始新的生活。在增加收入之前，我首先削减了不必要的开支。

然后，通过仔细盘点并削减"无用"的部分，我掌握了什么才是对自己来说重要的、应当"凸显"的重点。如今，我身边的必要物品已经减到最少，必要支出也是如此——我过着这样的生活。

"要买这个，要吃那个，要多赚钱……"
这些愿望，真的是我们想要实现的吗？

"我想让人刮目相看。"
"我不想在大家面前丢脸。"
我们的愿望是否都出于这些虚荣心作祟？

在我出生之前，日本经历过泡沫经济时代。据说那时，人们挥金如土。沉浸在那个年代氛围的大叔们是这么说的："要往高处看！吃大餐！开豪车！抱美女！"

然而出生在一个没有空白可以填补的时代，身边被多到满的物质财富环绕，在这种环境中成长起来的我，完全无法理解这种观念。

与其消费别人定义的好物品，不如与自己选定的好物品相伴，这样生活起来才更舒适、更惬意。

决定"钱花在哪儿，不花在哪儿"的过程，便是了解"对自己而言什么是幸福"的过程。

另外,应当削减的"无用的部分",不仅限于减少开支和拥有物品的数量,还应涉及生活方式、思维方式、人际交往等人生的各个维度。

金钱极简主义(金钱)
物品极简主义(物品)
时间极简主义(时间)
交际极简主义(人际关系)
办事极简主义(思考与行为)

以我为例,我从"金钱"和"物品"两方面着手践行极简主义,并逐渐将其拓展到"时间""交际""办事"。

无论你成为极简主义者的起因是什么,都无关紧要。

重要的是你不仅对于物品,而且对于人生的所有场景都运用极简主义,这才是极简主义者。

如今,我的职业是极简主义者。

身为极简主义者的代表,我通过博客和其他社交媒体等渠道推广极简主义者的价值观,并以此为目的展开我的事业。

就像我成为极简主义者,终于找回自我一样,如果能让更多的人了解到极简主义的好处,我将十分欣慰。

第1章 让生活变得自由

第 1 章

01

身居四叠半

月租金 2 万日元、小房间的舒适生活

我住在福冈县，我的家是四叠半的单间，每月租金 2 万日元。

虽然也有人会问我，"这么便宜的房子，会不会条件很差"，但我毫不在意他们的顾虑，过着十分舒适的生活。

如果您有机会来我的房间，您可能会对它的"一无所有"感到惊讶。没错，我在我的小家舒适生活，全靠"无物一身轻"。

房间里几乎没有一般意义上的家电和家具。没有冰箱、电视，没有桌子、床，也没有收纳用具。

另外，我选择这间房子的关键原因是房间里有飘窗。用餐时，将餐碟放在飘窗上；读书、上网时，腰靠在飘窗上。当我看到房间照片的那一刻，脑海中自然浮现自己在那里生活的模样。

虽说月租金 2 万日元，但这间房并非电视剧中会出现的昭和年代的那种"老破小"，而是一栋钢筋混凝土公寓里的一间带有开阔感的边户。

然而，控制租金有几大要点。

首先是楼龄。

虽然我住的房间在一栋 30 年楼龄的楼里，但据说这一时期（泡沫经济时期）建造的房屋大多预算充足、结构牢固。虽然房屋年代较久，但只要够坚固，就什么问题都没有。

其次，没有电梯的公寓通常人气不高，租金大概率也便宜。由于高于31米的房屋有义务安装电梯设备，我把目标选定在五层以下的建筑。上下楼梯，也能解决运动量不足的问题。

许多人想当然地认为"房子越大越好"，这其实是幻想。从今往后，人们可能逐渐转变为认为"房子还是小一些比较好"。所以我的"小屋生活"不存在一丝一毫的忍耐。身居四叠半，已经足够宽敞。因为我的身边都是少之又少却爱不释手的物品。我在这般奢华的空间里，只做自己爱做的事，岁月如此度过。

在当下的美国，正流行一种尽量减少物品、在小房子（人称"微型住宅"）居住的生活方式。消费大国美国都是如此，在日本，也以"无印良品的小屋"为首，引领"小屋生活"运动。

愿住小房子的人，花一小笔租金即可住在自己喜欢的地方。房屋打扫起来也简单。更重要的是，租房省下的费用，为我们的时间和生活带来了更多空间。

"房子、车挑小的买，将省下的钱花在面子以外的部分，人会变得幸福。" 这是《幸福与金钱的经济学》（*Falling Behind: How Rising Inequality Harms the Middle Class*）一书得出的结论。按照这本书的说法，爱面子是刻在我们DNA里的本能，因为爱面子而买房买车，"彰显"身份，这样的人幸福感其实很低。

这一事实，作为极简主义者生活的我深有体会，从经济学的观点来看，这一结论也是正确的。

看似两手空空,但并非毫无防备。

今后的时代,极简的生活方式反而是一种**最强的生存战略**。

房间越小,
你越能感受生活与心灵的"空间"。

第 1 章

02

直接睡地板

睡高级床垫、睡地板,
睡眠质量都一样

我睡地板。

人们称之为"地板睡眠"。我不铺床垫或褥垫这样的床上用品，直接在地板上睡。夏天我盖毛巾被，天气转冷了就裹上毛毯。

我在推特（Twitter，现更名为X）上提起这件事后，引起了很大的反响。很多人表达了"这不可能""做过头了"这样的意见。

不瞒大家，我一开始也曾觉得"直接睡地板，这样恐怕行不通吧"。

但我转念一想，索性趁着搬家试它一下，这么一来竟然顺利地坚持了下去，结果也就习惯成自然了。

另外很重要的一点是，我舍弃了"不睡床就睡不着"的成见。如今我的身体已经变成"只要有地板，哪里都能入睡"。人嘛，到头来，一躺下，一闭眼，就能入睡。

推特上，我也收到了许多赞同的声音，他们回复说"我也这么做（过）"。

尤其因为运动或从事护理工作腰酸背痛时，医生常常会建议睡硬床。甚至有在医疗领域用于地板睡眠的"硬板床"出售。

一开始我之所以尝试睡地板，是因为读到一则研究资料——无论睡高级床垫还是水泥地板，睡眠质量都是相同的。

美国睡眠研究领域的权威专家威廉·C.德蒙特博士（William C. Dement, 1928—2020）应一家床具厂家委托，测试一款新型床垫对提高睡眠质量起到多大的效果。

为了让测试的结果简单易懂，博士准备了三种场景：睡新型床垫、睡传统床垫、睡水泥地板。

测试结果令人震惊：**无论在何种场景，被测试者的睡眠时间和睡眠质量都完全相同。**

许多人在考虑提高睡眠质量时，都想着"我买一套高级床具吧"——人们容易依赖于物品，其实提高睡眠质量的手段还有很多，比如上午晒太阳、睡前不看手机、饮食规律及运动等。

既然床具并不能改变睡眠质量，那么睡床具还是睡地板只是个人嗜好和匹配度的问题。

我选择极简的方式。

睡在硬地板上，更容易翻身，醒来的感觉也很好，还不必担心被褥内螨虫和细菌滋生的问题。更重要的是，省去了叠被子、晾被子的麻烦。

当然，如果有了女朋友，我可能会为了她的感受添置床具。

届时希望她明白我的苦心。

比起睡床铺,
睡地板让人醒来时感觉神清气爽。

第 1 章

03

没有冰箱

只在必要时,购买必要的量,
停止囤货

我的极简主义人生始于搜索"没有冰箱"。

其实,就在不久前,我还有一台一人用的小冰箱,后来我把它给了熟人。

自那以后,我就这么过了2年多没有冰箱的生活,到现在没什么大问题,反倒是好事连连。

让我细细盘点失去冰箱后自己身上发生的变化。

① 因为无法保存,只吃新鲜食物
我每天会在晚饭前去附近的超市买东西。我喜欢吃新鲜的鱼,几乎每天都吃。因为新鲜的鱼在常温中无法保鲜,所以如果想吃鱼,我就会立即去买,或者在回家路上顺便去超市买。
鱼就是要吃新鲜的,真是好吃!

② 因为吃东西变得麻烦,开始"一日一餐"的生活
"要想变瘦,扔掉冰箱。"
这是我当下现编的"名言"。
如果家里没了冰箱,就不再会有"既然那么便宜,就整包买下吧"的想法;家里也不再会有多余的食品堆积成患;也不会再受到"要不再多吃一点"的诱惑,可以防止吃得过饱。
因为一天出去买三次食物很麻烦,自然而然就变成一日一餐了。随着用餐次数变少,当然也省了钱。一日一餐的饮食生活使我变得超级健康。关于这一话题,我想在后文再详细介绍。

③ 我开始吃常温保存的食材

我开始尝试更多罐头、干货等可以常温保存的食材、调味料，比如水果罐头、牛油果、豆浆、蔬菜汁、海苔、芝麻、糙米等。

④ 我喜欢上了常温饮料

我本来就热爱健康养生，并不抗拒喝常温饮料。无法冰镇的环境更加深了这一嗜好。水，我喝常温的；豆浆、蔬菜汁，我也喝常温的。

喝冷饮，肚子会受凉，体温会下降。喝常温饮料无疑更加健康。

经历了这一系列的变化，我深信"没有冰箱，人照样能过得好好的"。没有冰箱反而能让我吃上更新鲜的食材，还能节约开销、防止过饱，种种好处让我意想不到。没有冰箱的生活，更加接近人类原本需求不多不少、恰如其分的生活。

如果你还在犹豫冰箱有没有必要保留，不妨清空冰箱、拔掉电源，来一次有时间限制的"无冰箱生活"体验。

我觉得你会意外发现，没了冰箱也无关紧要。

没有了冰箱，
你会明白"什么时候是真的想吃"。

第 1 章

04

没有电视

减少被动的娱乐，
增加自发性活动

在我的老家，从浴室到卧室，一共安装了六台电视。自懂事以来，我就是一个一有时间就盯着电视不放的"电视娃"。

然而现在，作为极简主义者，我的房间里没有电视。

没有了电视，仅此一项，房间就显得宽敞，而且购买电视所花费的时间，以及几万甚至几十万日元，统统可以省下。

另外，**属于自己的时间变多了**。电视遥控器有着十分可怕的魔力：明明没有想看的节目，但缓过神来，发现原来自己已经躺在电视机前度过了几个小时的时间……这样的事情经常发生。

因为没有电视而省下的时间，可以**用于读书等"自发性"活动**。

如此一来，我也越来越觉得靠电视这种"被动"的娱乐消磨时间实属浪费。

粗略想来，越是那种抱怨"想尝试些新的东西，可没有时间"的人，越是会将时间浪费在漫无目的地看电视或是不情不愿的喝酒聚会上。

这证明了这些人没有意识到**自己的生活方式有问题**——不采取自发性的行为，而是**一味地被迫接受**。

如今正是互联网的全盛时期，仅凭网络不仅能得到相当丰富的信息，有趣的网络视频也层出不穷。通过专门的应用程序或是电视台官方的影音存档，便能收看电视节目。

然而电视节目里也有不少有趣的内容，若是完全不看难免遗憾。

"坐在电视机前，不知不觉就看起了节目"，这种被动的收看方式才是症结所在。

现如今没有电视，也能收看电视节目。

现在可以通过智能手机和笔记本电脑收看节目。

广告可以跳过，没有意思的部分也可以快进。如此一来，便能高效地收看自己真正想看的部分。

那些口口声声说"电视是时间小偷"、对电视见而生厌的人可能只是不懂看电视的正确方法。

现在的我，就算收集了所有想看的节目，一周也就只需花 3~4 小时。

现在的我与先前整天看电视的我相比，有着高得出奇的满足感。

享受电视节目的诀窍，
是自己并不拥有电视。

第1章

05

每月生活费7万日元

自己把握一个月必要的开销

"你每个月需要多少钱维持生活呢?"

能立即答出这个问题的人,出乎意料地少。而我却能一下子回答出来"7万日元"。

我会把握好一个月所需要的最低花费。

这么一来,我就可以大概算出需要赚多少钱就足够生活,也能摆脱"对金钱无谓的不安",从而获得自由。

这便是四角大辅所著的《极简术:奔向自由的50个断舍离》中提倡的观念——**"最低生活成本"**。

我还记得自己开始独自生活,发现"啊,原来有了这些就能过日子"时那种如释重负的感觉。

毋庸置疑,生活方式发生改变,最低生活成本也会随之变化。

我曾经在东京的合租房住过几个月,当时的最低生活成本是将近11万日元。11万日元的话,工作再怎么一般也能赚得到,就算再不济,在便利店打工110个小时便能到手这笔钱。

我的最低生活成本

福冈:	房租(四叠半单间)	20 000日元
	水费(固定,不限使用量)	2000日元

电费	2500 日元
煤气费	1500 日元
餐费	20 000 日元
日用品费	1000 日元
移动 Wi-Fi 费用［全球微波接入互操作性（WiMax）］	3825 日元
通信费（廉价 SIM 卡）	1690 日元
隐形眼镜费用	2500 日元
保健品费用	1500 日元
亚马逊（Amazon）高级会员（Prime 会员）费	325 日元
弹幕视频分享网站（Niconico 动画）高级会员（Premium 会员）费	540 日元
健身费用	7387 日元
联合办公空间会员使用费	4320 日元
书籍费用	5000 日元
合计	**74 087 日元**

东京：

房租（合租房）	45 000 日元

※ 包含水电费，煤气费，日用品费，米、鸡蛋、纳豆等部分食品的开销。

餐费	15 000 日元
移动 Wi-Fi 费用（WiMax）	3825 日元
通信费（廉价 SIM 卡）	1690 日元
隐形眼镜费用	2500 日元
保健品费用	1500 日元
亚马逊高级会员费	325 日元
Niconico 动画高级会员费	540 日元
健身费用	12 700 日元

咖啡费用	15 000 日元
书籍费用	5000 日元
交通费用	6000 日元
合计	**109 080 日元**

我决定独立生活时，每个月的收入差不多是9万日元。当时在这种"走钢丝"的情况下，我毅然决然独立生活，全靠我把每个月需要的生活费削减到了极致。"如果每个月赚7万日元，我就不会饿死，应该没事吧。"我抱持着乐观的想法，完成了一项大胆的挑战。

我在后文也会详细说明，得益于智能手机和网络的普及，现在有很多低消费甚至免费的服务和娱乐。

若善加运用，花小钱就能过上丰富的生活。这并非节约，而是聪明地过日子，所需要的**不是忍耐，而是找信息、下功夫。**

如果自己没有一个"赚这些就够了"的指标，就算你成功赚了再多的钱，也填不满"多赚点，再多赚点"的欲望。给自己一个"有这些钱就足够生活"的指标吧。

知道"靠多少钱能生活"，
便能摆脱"对金钱的不安"。

第1章

06

通信费控制在5000日元以下

通过廉价SIM卡和移动Wi-Fi将通信费减半

我的通信费，现在全靠廉价SIM卡，每月仅需1690日元。之前通过电信运营商签约时，每个月要花8000~10 000日元，现在是彻彻底底降低了成本。毫不夸张地说，我的最低生活成本可以控制在7万日元都是廉价SIM卡的功劳。

先前通过运营商签约，使用都科摩公司（NTT DoCoMo）、au、软银（SoftBank）三大运营商是主流。近年来，越来越多的人使用廉价SIM卡的通信服务，只借用运营商的信号，减少不必要的服务和人工费用，实现了通信费的大幅下降。

我现在签约的是"连我"移动（LINE Mobile），每个月3GB数据流量的套餐。也许你会担心3GB的流量不够用，其实数据显示，60%的智能手机用户，每个月使用的数据流量在3GB以内。

通信费用根据用户使用流量的多少而不同。选择廉价SIM卡，每月10GB的费用也就是3000日元左右。如果你完全不使用流量，不妨选择1GB的流量套餐，一个月便能控制在1000日元左右。

廉价SIM卡不存在运营商的"2年绑定合约"的限制，也不会有合约机存在的流量减价服务，每个月的费用是固定的。我把廉价SIM卡装在iPhone里，舒适地开启我的手机生活。

然而廉价SIM卡也有缺点。比如，无法使用含有运营商域名的邮箱。这点可以通过切换成谷歌电子邮箱（Gmail）等邮箱服务来解决。

另外，将无法使用"连我"的身份（ID）搜索功能（签约"连我"

移动的廉价SIM卡的情况除外);通信速度在白天或夜间的高峰时段会稍微变慢;遇到故障时的支持服务也不够全面……虽然存在一些不足,但我认为优点远胜于这些缺点。

如此一来,一个月(往少了算)可以节省6000日元,一年下来就能省下72 000日元。即便算上与先前绑定的运营商解约时的违约金和手续费,用上几个月就回本了。

另外,我在家里没有安装光纤网络,而是选择使用无论外出还是在家都能无线上网的移动Wi-Fi"WiMax"。

如果使用光纤网络,每个月的通信费基本都要花上4000日元不说,初期安装费可能就要准备3万日元左右。

如果使用移动Wi-Fi上网,就可以压缩每个月的通信费。虽然光纤网络速度更快,但对于许多人而言,移动Wi-Fi的速度应该已经绰绰有余。

你在外出时也使用移动Wi-Fi的话,就可以避免消耗手机的数据流量。廉价SIM卡3GB流量的套餐之所以够用,很大的原因是我同时使用移动Wi-Fi。

通过这些方法,我可以把每个月的通信费控制在5000日元以下,而且毫无压力。当然,省下的钱就可以用在自己喜欢的事情上。

试着跨过"看似麻烦"的障碍吧。

第 1 章

07

提高固定而非变动开销比例

巧用定额服务

无法得知具体数目的变动开销让人感到不幸，可以确切得知具体数目的固定开销让人感到安心。我在前文也提过，如果人能够把握自己的最低生活成本，那么就能摆脱对金钱的不安。

也就是说，**越提升固定开销的比例，生活便越轻松**。

具体来看，变动开销比例高的人——
▷ 去饭店时，单点想吃的东西。
▷ 每次出门购物时，支付电车费用和汽车油费。
▷ 租赁想看的DVD。

另一方面，固定开销比例高的人——
▷ 在饭店会选择套餐、自助餐等定额菜单。
▷ 选择加入亚马逊高级会员，购物时足不出户，省下去店里的交通费用。
▷ 每月支付680日元，加入网飞（Netflix）会员，比租赁DVD更便宜，选择更多。

其实，没有比当下的时代更适合提高固定开销比例了，因为既便宜又划算的"定额服务"接连登场。

像先前举例提到过的亚马逊高级会员、网飞，有了它们便不再需要每次花钱租赁DVD。也有像苹果音乐（Apple Music）、AWA、背景音乐服务商"USEN"开发的手机端应用程序等，提供音乐无限畅听服务。

这不仅限于提供内容类的服务。

入住酒店、搭出租车、坐飞机，涉及各行各业的定额服务应运而生。每月仅需支付19 800日元，就能无限租赁汽车的定额服务也闪亮登场。

购买汽车后，还需要缴纳汽车税、车检、维修费等费用，但如果选择定额服务，可以将所有项目包价揽下，解约步骤也十分简单。

甚至在餐饮领域也出现了定额服务。2018年4月5日，每月支付一定金额，便能享用饭店多余待销食物的App"减少浪费"（Reduce Go）正式上线。

只要每月支付1980日元，便能每天享用至多两次附近餐厅的余量食品。往极端地说，如果你灵活运用这项服务，那么你每个月的餐费甚至可以控制在1980日元。

从今往后，这类定额服务会不断增多吧。极简主义者需要有**把握新型服务相关信息的"情报力"**，更需要有**积极吸收采纳新做法的灵活性**。

开销的浮动幅度变小，不安也会减少，生活会更轻松。

一个可以改变自己花钱习惯的人，着实厉害。

所有开销固定化，
轻轻松松来持家。

08

没有收纳用具

用房屋自带的收纳空间解决收纳问题

我主张不用收纳用具。一个人住的房子里常见的衣物收纳箱、三层收纳盒、置物架之类的，我坚决不使用。

添置了收纳用具，产生了新空间，自然就会想填满它——这是人类的特质。然而，如果没有收纳用具，人就会试图在现有范围内进行收纳。

因此，我考虑如何尽可能地用**房屋自备的收纳空间**来解决收纳问题。

我的厨房区域里并没有收纳调味料、厨具的物品，洗洁精、烹饪用具等就直接放置。因为本来数量就少，在水槽、灶台周围的空间放这些绰绰有余。

我的服装数量有限，所以用伸缩杆代替衣柜，无论上装还是下装，把所有衣物都挂上衣架（衣架一律选择无痕防肩角的MAWA牌衣架，外形美观，很推荐）。每天使用的扫地机器人也是直接放在地板上。

这样做还有一个特点："**呈现看得见的状态**"。无须掩藏、随拿随放——我一直留意在生活中只留下这样的东西。

东西一藏起来就会变多。对许多人而言，收纳起来的东西等于想藏起来的东西。可以说，隐藏这种行为，说明物品本身的状态存在某些问题。

在你的房间里有没有那些因为设计不够美观、使用频率减少、勉强买下而被你藏起来的东西？东西藏了起来，眼不见心不烦，却无缘无故占据了那部分的空间。这实打实变成了"滞销库存"。

家具店里大量出售好用的收纳用具；白天的电视节目里，接连不断地介绍"均价百（日）元小物的高级收纳技巧"这类内容。然而可悲的是，越使用这些小物和技巧，东西就越多。

房间零乱并不是因为没有收纳用具，而是因为房间里不需要的东西太多了。

前几天，我看到一个有趣的节目：房间前后哪里不同——看房间的前后对照图，如果没发现什么被偷，东西就没收。一名挑战者竟然没有发现自己价值20万日元的高级相机不见了。

东西被偷都没发现，这实属异常。可以断定这种状态是明显的"持有过量"，被没收相机的挑战者也在节目中反省自己只是把相机当作摆设，没怎么用过。

话说回来，我也并非完全没有收纳。随身携带使用的个人电脑，我放进背包，药品则放进手拿包，剃须刀、牙刷等会沾水的物品放入可吊挂式洗脸用具盒。这些收纳用品的共同点是，它们每一件都有"收纳以外的使用场景"。每一件都身兼"**收纳**"和"**携带**"两项功能。

家庭形态、生活方式等因素都可能让"为了收纳而收纳"成为必然。但重要的是，要在整理前思考自己能不能不用收纳用具。

**只要不再"为了收纳而收纳"，
你的物品就不会增加。**

第 1 章

09

搬进小房子

与其"努力扔",
不如"努力搬"

如果你想减少物品，那有一个方法绝对行得通。

那就是**搬进比现在小的房子**。如果搬到小房间，自然得强制自己把东西减少。

你是不是也有搬家的时候把东西一股脑儿都丢掉的经历？

改变人的不是意志力，而是环境的力量。因此，与其努力"扔"，不如**先使出全力改变环境**。如此一来，你的行为自然会随着环境的变化而改变。

"搬家需要花费 150 万日元。"

这是一则关于"搬家难民"（想搬家却搬不了家的人）的新闻内容。

因为正值搬家旺季，搬家费用高昂。据说国民生活中心接二连三收到相关民众的反映。

搬家费用高达 150 万日元，着实让人吃惊，加上所持物品较多，自然就会住在面积大、房租贵的房子里。光是搬入新家时支付的初期费用就会是一笔不小的开销。

不止于此。搬家时你将大量的物品分类、打包、搬运，需要耗费大量的时间和精力。

正因为如此，不如趁着搬家的机会减少物品。

比如我搬家的时候，除了一台属于大型家电的洗衣烘干一体机，别的东西靠一个行李箱和一个背包就能解决。

其实以前，我从一个人生活的房间搬到东京市区的合租房时，就是靠一个行李箱解决的。

通过减少所持物品，有些人甚至可以不请搬家公司，独自完成。

就算搬家不"只靠行李箱"，单靠一辆小型卡车或是一辆普通汽车，剩下的一个个纸箱就拜托快递公司送货上门，这么做可行性也很高。

为了不用的东西住进大房间，其实就是**在房租里多花了一笔这份空间的冤枉钱。**

"因为东西多了，我们准备一间储藏室吧。"这个例子便是最好的印证。

"拥有"需要成本。

我们寄存行李时，使用的投币式自动寄存柜，也需要花费金钱和时间去操作。

与此相反，如果减少多余的物品，随之带来的是我们能满足于较小的空间，让我们可以居住在租金低廉的房屋里。

最重要的是，身边物品少，住的房屋小，我们的脚步也轻盈起来。

比如说，像我现在住的月租金2万日元的房子，搬家初期费用要6万日元，退房维护费用要2万日元。也就是说，我真要搬家的时候，只需差不多8万日元，便能轻松完成。

利用"搬家"的强制力，
改变自己的储物癖。

第 2 章　让物品变得自由

第 2 章

10

没有钱包

无风险、好处多的无现金生活

我不用现金。那是因为，我自身是一个彻底的"现金否定派"。

最近我更是仅靠一部iPhone便完成了几乎所有的支付。只要使用iPhone 7之后的系列搭载的苹果支付（Apple Pay）功能，便能启用QUIC Pay[1]、西瓜卡（Suica）的支付功能。无论是去附近的超市购物，还是搭乘电车，日常生活中绝大多数的支付场景都可以靠一部iPhone解决。

遇到不支持网购、电子支付的时候，我会用信用卡代替。另外如果有乐天旗下、具有电子支付功能的"乐天Edy"信用卡的话，几乎可以应对所有购买行为。

即便如此，在饭店、观光场所等地，还是会出现无论如何都需要支付现金的情况。为应对这一局面，我会带上可以收纳零钱的钥匙零钱包和钱夹。我用的是许多极简主义者爱用的"薄财布"品牌的薄型钱夹。它的特征就是"薄"——薄到放进裤子口袋都感觉不到钱包的存在。平时我把它放在家里，只在需要的时候携带。

因此，我并没有多数人概念里的"钱包"。

另外，无现金生活有明显的好处。

① 返点回馈
假设使用1%返现的信用卡一年支付200万日元，那便能返还2万

---

1 与信用卡绑定的快捷支付，类似中国的闪付。

日元。最近公共事业费等开始接受信用卡付款的例子越来越多。

② 结账速度加快

因为不需要数纸钞、零钱，节约了时间，同时也缓解了结账柜台的拥挤。只要在超市或便利店尝试过一次，就会对结账速度之快惊讶不已。

③ 家庭记账自动化

现金支付很难留下记录，容易让管理开销变成一笔糊涂账。如果采用电子支付，就可以实现家庭记账自动化。

最重要的一点是，现金存在遗失的可能。其实，我曾在旅行地京都丢失过钱包，一下子遗失了现金2万日元和一众卡片。如果遇到这种情形，可以挂失信用卡或电子支付卡，及时停止支付功能。

然而，丢失的现金和花了数万日元才入手的钱包本身，则一去不复返。

拥有有形的物体的风险难以估量。

最后，让我介绍这样一则趣闻。

"不使用现金的人的存款是使用现金的人存款的2.7倍之多。"这是一项由日本信用卡株式会社（JCB）调查后得出的结果。通过调查过去一年间平均存款数的增量，发现不使用现金的人的存款为87.6万日元，而使用现金的人的存款为32.5万日元，差距明显——前者达到了后者的2.7倍。

讲重一点，使用现金无须思考，人人可用，而熟悉无现金生活则需要下一番功夫。

我认为这是人们在日常生活中，**是否考虑"好上加好"**的意识差距造成的。

生活中摒除现金，
风险便降到最低。

第 2 章

11

每天同一副行头

把自己最中意的服饰,
当作自己的"制服"

我每天身上穿同一副行头。这俨然成了"制服"。

我有4件相同款式的针织衫、2条相同款式的细腿裤、2件相同的外套，T恤、袜子、内裤什么的，都是以"4"为单位。

不仅是服饰，鞋子也是如此。在我家的玄关处摆着3双完全相同的匡威跑鞋。

我本来是一个热衷时尚的人，初中、高中阶段，我将为数不多的零花钱和大部分打工的收入都花在了买新潮服饰和时尚杂志上。

然而即便买了流行的物品或新潮的款式，到头来我还是穿着自己喜欢的一两套衣服。这样还不如每天穿着"心仪度排名第一的衣服"，时尚又舒服。这一想法便是我开启"个人服装制服化"的契机。

一开始尝试这种"制服生活"，我还担心每天穿相同的衣服，很快就腻了，后来发现比起搭配各种服饰的乐趣，**"无须选衣轻松上路"更让我感受到了压倒性的魅力**。

据说人在一天中要做出多达9000次选择。

"吃什么""穿什么"……生活中需要决断的情形比比皆是。就算一次决断不会受累受苦，但积少成多，就会"压力山大"。如果坚持穿相同的衣服，便能减少陷入"决断疲劳"的危险。

史蒂夫·乔布斯、马克·扎克伯格等人都因全身心投入工作、不改穿搭而出名。

"总是穿相同的衣服,会不会无法展现自己的个性?"大家可能有这样的顾虑,然而事实正相反。你更会被认为是一个**一以贯之的潮人**。

最近有幸在路上被人搭话的机会变多了。"原来和博客上看到的穿着一样",我几乎可以断定每次都会听到这句话。

服饰如此,几经严选的物品更是可以成为代言本人的标志物。

因为"想要很多衣服,想要各种造型"的是大多数人,总是一副行头的人反而显得个性十足。

另外,"制服"的选衣方式有几个要点。首先,是**素色且简单**的款式。一旦选择了带花样图案的款式,与之搭配的类型自然有限,很快就会心生厌倦。

我的穿衣风格是只选择**最基础的黑、白两色**。因为衣物少,洗衣次数势必变多,选择**耐磨耐皱的材质**,变得非常重要。

买正流行的服饰,根据当天的心情、场合调配穿搭确实有其乐趣。

虽然如此,我还是坚持每天穿相同的衣服。因为省下了考虑穿搭的时间和精力,正好把多出来的"闲"与"钱"用在别的地方。

把时尚抛在脑后，就能把精力集中在自己想做的事以及为未来的行动上。

个性、自我不靠服装，
而靠自身的行动彰显。

12

不选『限定款』，要买『经典款』

无论何时何地，
买的就是放心

以前的我，一心想着"我绝对不要和人撞衫"，总是买"限定款"。买东西的时候，也总是想着"难得来买一次"，便总是挑限定款和限量款买。

而现如今，"T恤选××""跑鞋选××"——**都买"经典款"**，我一定像这样做决定。

比如最近，我新买了两条细腿裤。

因为我定下了"买黑色细腿裤，就买极优的28码"，所以完全不会在店里挑花眼。进店，拿到想要的款，直接去结账。

因为穿的感觉、尺寸和先前相同，还省去了试衣的麻烦。

我现在的裤子是在京都新买的同款。因为发现裤子反复洗会出现掉色的情况，我一时兴起买了新的。想到"我现在在京都可以买到同款"，甚至还有一丝感动。

我非常能理解被"限定款""××版"之类的宣传语吸引的感觉。但是，"因为是再也买不到的限定款，我用起来会更加珍惜"，这样的想法是天大的误会。

无论你再怎么在内心发誓要小心使用，只要是物品，就一定会产生损耗。

一场地震就可能造成家中的物品全数损坏。未来无法预测。

假如遇到那种情况，如果是限定款，势必会产生"重选适合自己的物品"的负担。

其实一边使用，一边想着"这是再也买不到的限定款"，也是一种莫大的压力。

在这一点上，如果是经典款，只需每次买同款即可，穿的感觉也一致，而且在全国各地都可以放心买到。

你无须探店，也不会因为几个备选款而绞尽脑汁。

我顺便举一些自己随身物品的例子。

【T恤】 恒适
【细腿裤、袜子】 极优
【跑鞋】 匡威
【凉鞋】 勃肯
【钱包】 薄财布
【手机、电脑】 苹果

这些都是无论何时何地，都能买到的经典商品。这些商品广为人知，人们也或多或少使用过。因为款款经典，使用方便，设计也简洁，我十分喜欢，所以长期使用。

这些物品并没有什么标新立异的个性，因为**个性本来就不是靠随身物品体现的。**

人们口中的经典款商品，自然有着长期为众人使用的价值。

使用经典款，并不意味着放弃属于自己的选择。

让我们心存感激，享受蕴含前人智慧的经典款吧。

与其选"很少见的那款"，
不如买"不会错的这款"。

第 2 章

13

灵活运用租赁和共享

当今趋势，
从拥有走向利用

最近设有咖啡区域的书店变多了。就算不买书店里的书，只要点一杯咖啡，就能把自己喜欢看的书带到座位上阅读。

前些天，两名女大学生让我印象深刻，她们拿着几本旅行指南，饶有兴致地讨论、计划着行程。

当然最后书并没有被买下，还是回到了原先的书架。但结果是"为了读旅行指南，购买了咖啡"，可以说书店与客人实现了双赢。如果客人真的遇上一本想反复阅读的书，自然会买下吧。

这种借阅功能，先前都是由图书馆承担的。但是图书馆上架的书刊数量有限，如果是广受读者喜欢的书，可能得预约等上好几个月。

在这点上，书店+咖啡的形式，能使读者轻松读到近期出版的书。

我真心希望，这种形式的店家今后会不断增多。（当然欢迎你点杯咖啡，阅读本书。）

我觉得当下有一种趋势：**不再"拥有"物品，而是通过租赁或共享的方式"利用"物品。**

可以说汽车租赁和共享汽车，正是这一趋势的代表。年轻人逐渐不再使用私家车，长辈们对此皱起眉头，然而事实是只要住在公共交通和自行车足以应付出行的都市，汽车的性价比就会出奇地低。

我每天的行头都一样，鞋也是——我备好了3双完全相同的匡威全明星系列帆布鞋，每天换一双从而减少磨损。然而偶尔也会出现"跑鞋怎么都和TPO（时间、地点、场合）不搭"的情况，像是参加红白喜事，或是去有着装要求的店家的时候。

能够轻松应对这类场合的便是**时尚租赁服务**。

它为客户提供多种服务。比如有像租赁品牌Leeap一样以全身穿搭为主的服务，也有像DMM网站的时尚租赁（Fashion Rental）这类可以单独出借鞋类等小件物品的服务。我也曾经用过它们，变身成"与平时不同的自己"，还有些小欣喜。

顺便提一句，如果使用DMM网站的时尚租赁服务租用2天，大概花上1980~4980日元。虽然花同样一笔钱，差不多可以在量贩店买同样的新款，然而这个价位的鞋子，质量可想而知。

仅仅为了穿一次，就凑合买下自己并不怎么中意的鞋子，实在太过浪费。这么不情不愿买下的鞋多半会被摆到鞋柜的最里边，在不久的将来也许难免被丢弃。

既然这样，必要的时候花必要的钱租鞋子，这种做法更明智。

不仅是衣服和车，如今连办公室、宿舍、自行车、停车场……各类物品都可以共享。不自己拥有，却可以过上丰富的生活，这只有在租赁、共享的时代才会发生。

与其手上样样都有，不如过得更轻松、更丰富。

第 2 章

14

手机选大屏

选择物品时有自己的优先顺序

"哎，你的手机好大。"我常常被别人这么说。

这句话应该隐含着"你明明是一个极简主义者，手机不是应该越小越好吗？"的想法。

我选择大屏手机，有着明确的理由：我大量阅读电子书，因为我什么事情都爱记录，所以经常在手机里输入文档，长时间面对手机屏幕，屏幕过小的话眼睛容易疲劳。

我一度因为想着"屏幕大，眼睛才不会疲劳"，尝试买过平板电脑。然而手机、平板同时在手，对我来说只是压力，于是很快将平板脱手了。

于是，**拥有大屏手机成了我的最优解。**

顺带一提，伞我也是买大号的。因为很讨厌被雨淋湿，若要尽可能避免淋湿，大伞绝对有必要。

另外，我有两把伞——一把大伞，一把折叠伞。可能有雨时，带着一把大伞出门太过累赘；倾盆大雨时，拿着折叠伞出门又觉得不放心。

你可能会想："你明明是一个极简主义者，却有两把伞……"

但对我来说，"不想被雨淋湿"是最优先考虑的事项。我只是未雨绸缪罢了。而且，不存在浪费。

如果是"被雨淋到也没关系"的人，也许带一把小的折叠伞就够了；

如果是"主要以车代步，车里放一把伞"的人，只要保证车里有一把大伞就行了。

"必要的东西"会因为自己心中的那份"不可退让"和身处的场景不同而发生变化。最重要的是，我们**在哪些方面关注"最少且必要"**，以及**看清什么东西才是必要的能力**，而并非一味拘泥于东西的"少"。

我的房间里什么家具也没有，但有一样东西让我引以为豪。那就是"魔泡"LED智能灯泡。它可以通过iPhone操控，将灯光变成红、黄、蓝、紫等各种颜色。

一般来说，灯具只要具备"照亮"的功能就足够了。然而我住的房间什么家具都没有，我就想着"既然没有东西，就靠照明来凸显氛围"。悠闲轻松的时候用蓝光，要集中精力的时候用白光，我像这样根据当下自己的状态选择灯光的颜色，从而在生活里形成某种节奏。

正因为这是一间削减了无用之物的房间，才更加突出这一灯具的优点。这才叫"凸显"，正是极简主义的目标所在。

为了极简，或正因为极简，我们有时会**"因小择大"**。

几经"购买""拥有""思考""脱手"之后，你就会找出"想要凸显什么"这一问题的最优解。

求人不如求己，
用自己的视角决定要"凸显"的部分。

第 2 章

15

用"退场策略"来思考增值

在二手口红也可畅销的"共享时代"
应具备的必要技能

我每年都会换购iPhone的最新款。

"爱惜物品才是极简主义者吧？""你那么有钱吗？"这样的质疑声常在耳边响起，然而我这么做有着明确的理由——iPhone有着极佳的流通"出口"。

因为苹果的产品需求度高，使用一年后转卖的话，可以拿回购机时六成到七成的金额。

所以就算是新款，只要拿出一小部分钱就可以买到。因为想好了将来会转卖，用起来自然也会小心翼翼。

容易脱手这一点确实吸引人，但更重要的是，换上高性能的智能手机，工作常用软件的启动速度也会提升，还不用担心电池老化的问题，用起来毫无压力，极简的设计也让使用变得舒适。

从今往后，也许**购物时思考"退场策略"会变得不可或缺**。比如在二手交易平台"煤炉"上，转卖的物品应有尽有。更有甚者，在"煤炉"上，还有使用过的口红出售，只要除去口红的前端，就能卖上数千日元。

由于二手交易App的普及，物品的流通性显著提高。

像万圣节服饰、教科书这样"**必要时购买，用完了就卖**"的商品在App中循环流通。

"保值率高，会瞬间产生需求的物品"像仓库出货一样在App上被人分享。

活力门（Livedoor）前任总经理熊谷史人先生，曾就女儿成人礼上穿的振袖（长袖和服），在推特上发帖"我想在雅虎拍卖花5万日元买一套，用完再转卖赚个零花钱"。换句话说，"保留成人礼上的振袖并世代相传"的老一代的想法正在发生改变。

另外，对潮流敏感的女性正在做这样的事——买下当季流行的衣服，流行结束时在二手交易App上出售。

如此一来，她们既能满足赶时髦的需求，又能把服饰卖给后加入流行行列的人，最终做到花小钱体验时尚服饰。

对潮流的敏感带来了经济上的实惠，着实有趣。

我觉得物品的理想"出口"（退场策略）是**"出售""转让""耗尽"中的一项。**

糟糕的退场策略是丢弃，"明明没在用，却烂在手里积灰"也一样是昏着。考虑物品的退场机制，是今后在"共享时代"不可或缺的技能。

另外，这一"退场策略"不仅适用于物品，还适用于人生的各个方面。

《人生多别离》，这是我喜欢的歌手伊东歌词太郎的一首歌。

就像相逢和离别如影随形,当你穿过入口的那一刻,你要向着最好的出口奔去。

买下价格高、易脱手的东西,
最后你还是赚到。

16

若要添置新物,就选"有投资价值的物品"

能产生价值的东西就毫不犹豫地入手

也许你觉得意外，**对于添置物品，我并不犹豫。**

一个极简主义者，容易把太多的精力放在"减少"物品上，大多会抱有"物品拥有数量少的人才厉害"的价值观。

有时在推特上，会遇到与我抬杠说"我的东西才少呢"的人，我一直都置之不理。

因为衡量极简与否，并不在于物品数量的多少。

我会毫不犹豫添置的是"有投资价值的物品"。

比如大概 3 年前，当我正要开始现在的工作时，不惜贷款买下了苹果笔记本电脑。我当时是自由职业者，要买下售价高达 10 万日元的电脑，需要痛下决心。

尽管如此，我还是买下了苹果笔记本电脑，这是一种自我意志的表现——"从今往后，我要以极简主义为业"。事实证明，它在编辑博客上大显身手。我也开始以博客谋生，不仅还清了贷款，转眼间还把投资的部分赚了回来。

知名油管（Youtube）博主内藤（@Naito-vlog）在买下 160 万日元的电脑时，说过这样的话："电脑虽然贵，但是多亏了它，以前 10 秒的操作，如今几乎 0 秒就可以完成。如果每天重复这一操作 50 次，连续做 365 天的话，工作效率显著提升。"

计算一下缩短的时间，发现一年竟然能省下 50 小时，也就是一年增加了 2 天，这种用钱方式棒极了。

重要的是，**要有一双慧眼看清该物品的投资价值到底有多高**。我在"思考'退场策略'来增值"一节中写的 iPhone 也是如此。

据"煤炉"调查，年末大扫除中，人均有价值 5.8 万日元的物品被当作垃圾处理掉了。被人们当作垃圾处理的常见物品，排名由高到低前三名依次是服装、鞋和书。许多人把相当数量的金钱丢进垃圾桶。

我的做法是，首先，详细确认真正需要后再买。然后，购买的时候，选择"将来不要的时候能卖得出手"的东西。一旦不再需要，就尽早卖出。要是到了年末，不需要的东西还放在屋子里，真是对空间和时间的浪费。

我喜欢的一句话，是冈本太郎所说的"**人生先做加法后做减法**"。人生并不是"一加再加"，而是"先加后减"。

极简主义的生活正是"先加后减"。一边重复着加法、减法，一边保持着必要且最少，这么做最为理想。

我们并不是为了"减少"而生活。重要的是我们要一边经历种种，一边在此基础上留下必要的东西。

极简主义的真正价值在于利用你创造的空白"**不断改变**"。

我朝着理想的自己先加后减。

**通过"先加后减",
留下自己真正需要的东西。**

17

不是挑"喜欢"的,
而是挑"特别喜欢"的东西

列出"100 件心爱之物的清单",
让喜好更直观

通过博客和推特，我收到过读者朋友们倾诉烦恼的私信。

前些天，一名大三男生与我探讨"花钱大手大脚"一事。他憧憬极简主义者的生活方式，却无法压抑对物品的欲望。一旦有想买的衣服，他就忍不住立马买下。

首先大前提是买想要的东西，这本身无可厚非。一样东西需不需要，到手才知道。到手后，发现原来不需要，那就转卖、转让或丢弃就好。

看着打心底想要的东西，与其忍住不买、闷闷不乐，不如毫不犹豫地拿下。

但如果你想要某样东西，这一物欲的背后其实是**"想让人刮目相看"**的虚荣——时尚便是最典型的例子，通过与他人比较显得自己与众不同——那便有问题了。

"我有没有紧跟潮流？""别人会不会觉得很俗？"你在选择衣服的时候，心中有没有被这些想法左右？

如果你在选择衣服的时候在意别人的眼光，那你是自作多情了。很遗憾，别人并没有那么在乎你。

因此，选择物品时，完全**以自我为中心**就好。

举个例子，"我想每天穿着自己最爱的黑色长风衣，该怎么做？"——我会以此为基准，挑选衣柜里的衣物。因为我喜欢黑色长风衣，仅此而已。

就算别人觉得这样普通又无聊，也与我毫不相干。

我认为归根结底，必要等于喜欢，**而且不是"有点喜欢"，是让你喜欢到珍惜的"特别特别喜欢"。**

如果靠模棱两可的"有点喜欢"来选择物品，那么内心得不到满足，终其一生也欲壑难填。

如果要对自己的"喜欢"深入理解，那么列出"**100 件心爱之物的清单**"是很有帮助的。

从专有名词到抽象事物，把脑海中浮现的"我喜欢的事与物"全数写下来。

我应该会写吉娃娃、三文鱼、牛油果、睡觉、读书、动漫、黑白单色、相机、心理学、桑拿……总之一一列举，写到 100 件为止。有趣的是，在这一过程中，你的"喜欢"被抽丝剥茧，一览无遗。

写下 100 件不易，只写 100 件更难。通过写在纸上这种方法，让自己的"喜欢"变得更加一目了然。

接下来，只留下这份清单里的东西就行了。

就好像下面这个例子：我发现自己还是喜欢黑白单色，就把彩色的东西丢了吧。

拿起纸和笔,把自己所有的"喜欢"一股脑儿都列出来吧。你会遇见一个未曾发现的崭新的自己。

将你"特别特别喜欢"的东西围拢在身边,
让每天的生活都有好心情。

第 2 章

18

有时间烦恼,不如干净利索地购买、丢弃

通过反复试错磨炼直觉

想要的东西最好尽快入手。

正如我先前所说的,一样东西需不需要,到手才知道。如果不需要,那就立刻脱手就好。

另一方面,丢弃、脱手时也要快,因为你举棋不定的是"没有也无关紧要的东西"。

比如,现代人很少会为"要不要扔了手机"而犹豫。因为没了手机,生活处处碰壁。真正需要的东西,将它扔了的想法你连有都不会有。

另外,当你的直觉告诉你"想要"或"可以丢了吧"的时候,几乎一来一个准。根据以色列一所大学的研究证明,**人类直觉的准确率接近90%**。当你产生直觉时,其实是大脑在从过往的经验和学习的资料库中提取答案。

"一开始还犹豫该不该丢,真丢了一点儿也没事,反而痛快不少",这样的经验,我自己经历了许多。与此相反,"我真不该丢"这样后悔的经历极少发生。即便发生了,也让我明白原来真的需要这个,算是积累了经验。我不会后悔,而是把它当作成长路上的一次积极的失败。

这不仅适用于丢弃东西的时候,购买东西的时候也是如此。"**买一眼就看上的东西**"是我的一项购买准则。现如今,让我一眼相中的东西虽然很少,但也有相当贵重的物品。

当然,我所说的并不是一眼相中就冲动消费,而是留一些时间,先做一些调查再来判断要不要买。然而，一眼就看上的东西，无论预留多少时间，大多都得出一个答案：果然还是想要。我会做必要且最少的调查，然后尽快购买。

但是，无论是丢还是买，为什么自己会被这件物品吸引，不能只靠直觉一锤定音，同时来做一下原因分析吧。

例如，丢一件衣服时，要考虑丢的原因——"颜色清奇，很难有不同搭配""当时因为打折，冲动买了下来"等，这样就能掌握不买多余东西的诀窍。

虽说直觉在 90% 的情况下准，但也会有 10% 的情况不准。不过就算因为直觉有误买错了东西，现在也有许多类似转卖等脱手的方法。

手提包、拉杆箱、平板电脑……各式各样的东西，我买过也脱手过。我认为正是这些到手又脱手的经历，磨炼了我成为极简主义者的直觉。

"早失败，少损失""人会更后悔没有做过的事"，这两点是硅谷教会我们的经验。尽早积累失败，反复快速试错，通过这种反复操练，我们磨炼出直觉，可以看清什么是需要的东西。

**丢掉你犹豫要不要丢的东西，
一眼看清东西是好是坏。**

第 2 章

19

从消费者视角转向生产者视角

消费和药品一样，
有"不健康的快感"

我曾经在商场的手机用品专卖店做过兼职，我发现发薪日一到，商场便人满为患。

并非每个人都是为了想买的东西而来。无论带上伴侣还是家人，我觉得很多人只是因为拿到薪水了，就不由自主地想逛个商场。

自己并不怎么中意的东西，因为难得来一次而买下；无意间经过美食广场，就要好好享受一番美食。

节假日许多人来商场的目的是消费。

许多人通过买下还不错的东西来释放工作或其他方面的压力。在发年终奖的时候，时尚杂志上总是印有"买东西犒赏自己"的标题。买下的瞬间虽然得到了满足，但这种满足在多数情况下是情绪的最高点。

我觉得"消费的快感"其实与成瘾性药物、垃圾食品、香烟一样，属于"**不健康的快感**"。

与之相对，"**健康的快感**"有桑拿、体育、冥想、与恋人的巫山云雨。

本来，压力是靠这种"健康的快感"来消除的，然而如今的日本，太多人依赖速效而随意的"不健康的快感"。

"二频道"网站（2channel）的创始人西村博之曾经这么说："消费会腻。通过花钱感受到幸福的人，终其一生无法幸福，他们无法挣脱奴隶般的人生。"我深有同感。

为购物这种消费行为而感到喜悦的人，他们为了挣更多的钱，不得不牺牲自己的时间，持续工作。

以发薪后逛商场为工作动力，形同被饲料豢养的宠物犬。我们不是**宠物，是人；金钱不是饲料，是营养素**。

那么，要从消费释放压力的陷阱中挣脱出来，该怎么做呢？

答案是**从消费者视角转向生产者视角**。

消费活动＝付钱，成为"接受"的一方。
- 因为发薪日而不由自主地购物。
- 为了虚荣，买下来本不需要的高级货、限定款。
- 因为熟人，不得不参加并不尽兴的喝酒聚会。

生产活动＝自己产出，成为"给予"的一方。
- 把自己感兴趣的文章、照片、视频发布在社交媒体上。
- 看书、看电影后在博客上写读后感、观后感。
- 自己做菜给家人吃。

你想不停花钱成为消费的奴隶，还是想自己掌控人生？一切都由你自己选。

从消费转向生产，
自己的幸福由自己创造。

第3章 让身体变得自由

20

过『一日一餐』的生活

用人类原本的饮食方式
找回健康

我过着**一日一餐**的生活。塔摩利[1]、彼得武[2]、福山雅治[3]等不少名人都在生活中实践一日一餐。他们一个个都显得年轻有活力。

如果我们追溯历史，直至江户时代，一日两餐还是常态。一日三餐的习惯似乎到现代才形成。人本来其实是"**耐饿不耐饱**"的生物。可以说现在一日三餐变得理所当然，反倒让肥胖、糖尿病、过敏、特应性皮炎等现代疾病骤增。

因此，现在越来越多的人重新审视"饱食"这一现代饮食方式，回归到"一日一餐"——人类原本正确的饮食习惯上。

我一天的饮食大致如下：

早上——起床后喝一杯加入菊粉的水，补充膳食纤维。
中午——豆浆等蛋白质饮料。也会在工作地方的咖啡店喝咖啡或其他饮料。
晚上——主食是糙米、红薯，搭配青花鱼罐头、新鲜三文鱼等补充蛋白质，加上牛油果等水果，以及绿色满满的蔬菜汤等。

我每天的饮食差不多都是这样。一开始我还怕肚子会饿，但身体渐渐调整习惯，状态也相当不错。

---

1. 塔摩利（タモリ，1945— ），本名森田一义，日本搞笑艺人、广播电视节目主持人、演员、歌手。20 世纪 80 年代后期，他与北野武和明石家秋刀鱼并称为日本搞笑艺人界的"三座大山"。
2. 彼得武（ビートたけし，1947— ），北野武在演艺活动中的艺名。北野武是日本导演、演员、电视节目主持人。
3. 福山雅治（1969— ），日本创作型歌手、演员、电台 DJ、摄影师。

我容易得特应性皮炎，之前总是因皮肤干燥而烦恼，现在皮肤渐渐变得有光泽，找回了健康的状态。

我只在晚餐时吃固体食物。我还是一日三餐的时候，经常想着"午饭后我要加油工作"，谁料吃完午饭就睡意袭来。如果一日一餐，人常常会处在空腹的状态，不容易困，注意力也不会涣散。

就算有空腹感，我也会调整心情，积极向前看——"为了享受这一天一次的晚餐，加把力"。就像有人说的"空腹是最好的调味品"，空腹状态下的晚餐着实好吃。

另外，因为准备饭菜花费的时间和金钱，一下子变成了原先的三分之一，**可以自由支配的时间和金钱显著增多。**

尤其是我的房间没有冰箱，一天出门买三次东西实在麻烦。能够省下这些工夫，真的大不相同。饮食的绝对量减少，一餐的预算增加，食物的质量提升，身体变得越来越健康。

虽然"一日一餐"好处良多，但乍一开始难免有人觉得困难重重。这些心存顾虑的人，不妨先挑战一日两餐。

将减去的一餐替换成蔬菜汁或豆浆吧。这样可以减少卡路里的摄入，同时也可以缓解空腹感。

一下子改变多年形成的饮食习惯实在危险，还是循序渐进为好。

明明肚子不饿，却因为"到了吃午餐的时间"而进食——不妨先和现在的饮食习惯一刀两断吧。

不拘泥于一日三餐，
让身心焕发松弛感。

第 3 章

21

食材标准化

避开加工食品，
吃自然食材

请让我详细说明一下我"一日一餐"饮食生活的具体内容。

正因为一天只吃一顿饭,所以我想吃更营养、更好吃的食物,就决定选择几乎固定的"标准食材"。

这和"每天穿着心仪度排名第一的衣服"一样,可以说是极简主义者才有的思考方式。

【主食】糙米、红薯、牛油果

糙米可以被称为"完全营养食品"[1],它是一种营养均衡的优质食材。对于注重健康的我而言,糙米必不可少。因为实在太喜欢这一食材,我甚至还订购过 7 种糙米试吃,比较它们的不同。

我最近还迷上了红薯。红薯作为主食,热量较低。它是碳水化合物,但富含抗氧化剂和膳食纤维。多亏了它,我的排便情况也一切正常。红薯只要蒸一下就可食用,十分方便(蒸的时候和糙米一起放进电饭煲)。红薯易于保存,如果是喜欢的品种,我会买上一箱。

牛油果被称为"世界上最有营养的水果",很适合搭配三文鱼、金枪鱼,直接食用也很好吃。牛油果营养均衡,可以在常温情况下保存几天,真的是为极简主义者而生的食材。

【蛋白质】鱼

鱼类含有奥米伽 3(Omega-3)多不饱和脂肪酸、二十二碳六烯酸

---

1 所谓"完全营养食品",是指含有一顿饭所需的所有营养素的食品。

（DHA）、二十碳五烯酸（EPA，俗称深海鱼油）等，是一种高营养的蛋白质来源。为了防止摄入过多饱和脂肪酸，我选择主要吃鱼而不是吃其他肉。

我喜欢的食物是三文鱼、金枪鱼刺身。

还有不可小觑的青花鱼罐头。它是青花鱼处在高新鲜度的状态时，立即真空加工制成的，所以有人说它比超市卖的鱼还要新鲜。便宜的青花鱼罐头大概卖 130 日元/个，用在有名的港口捕捞的青花鱼制成的罐头，大概卖 300~400 日元/个。

青花鱼罐头富含优质营养成分，实属难得，难怪许多健美运动员都会食用。

只要把这些吃的放在木质的盘子上，就好像餐厅、咖啡店点的轻食，女生也会很喜欢。

加上中午喝的豆浆等蛋白质饮料，搭配蔬菜汤、水果什么的，已经达到，甚至超出了人体所需的营养摄入量。

我几乎不吃面包、面条等含麸质（小麦）的食物。

营养价值较低是一方面，另一方面，一旦吃了含小麦的食物，我就一定会肠胃不舒服。同样原因，我也不吃零食等加工食品。

虽然和朋友出去或旅行的时候也会吃一些（不把自己的主张强加给

他人），但是我一个人的时候，不会碰这类食物。

我一个月的餐费大约是 2 万日元。也许有人会觉得以一日一餐的标准，有些贵了。不过如果关注自己的健康，在吃的东西上，还是要选择优质食材。

反过来说，我在别的地方也不怎么花钱，在餐费上花掉这些钱，完全没问题。

极简主义餐的首选，
只挑营养价值高的食材。

22

花钱也要防患于未然

低标"一天一万步",保持身体健康

原本我就热爱养生，自从 2018 年年初患上流感后，这一热爱就更加狂热。

不过，我并不喜欢激烈运动。（虽然我在健身房办了会员卡，但说到底是用健身房替代澡堂和桑拿房。）

我的运动方法**就是步行**。我坚持每天有意识地**步行一万步以上（花上 1~1.5 小时）**。

其实，我的奶奶患有阿尔茨海默病。几年前她卧病在床，几秒前才说过的话都全然不知。然而，自从她去医院看病不坐出租车，改用步行，她阿尔茨海默病的相关症状便改善不少。如今她甚至恢复到可以在家做简单的饭菜、在室内正常活动。步行原来是一项如此有效的运动。

但是，就算再怎么明白步行有很棒的效果，毫无目的地每天走一万步以上还是有些累人。所以我使用的方法是"**把街道私有化**"。

我把咖啡厅和联合办公空间当作工作场所、把超市当作冰箱、把健身房当作澡堂、把便利店当作快递柜……尽可能创造一切出门的机会。我原先也喜欢宅在家里，但现在我每天必须出门上街。

我早上起床，先喝一杯水让自己清醒。然后步行一长段距离，去工作地方的咖啡店。单程步行一小时完全在能力范围内。如果累了，回程有时候坐电车或巴士。

然后傍晚路过最近的车站，去健身房、超市，接下来就是窝在家里的自由时间。这么一来基本上可以完成一天一万步的目标。

江户时代的人们，一天竟然可以走到三万步。回看历史，据说那是一段幸福指数极高的时代。

抑郁症、糖尿病、阿尔茨海默病、高血压等现代疾病的患病率逐渐增加，人们认为原因是运动量的减少。通过步行，可以保持良好的身体状况，预防上述疾病。

我还想到一点，大家应该**花更多时间和金钱在预防疾病和身体不适上**。

就算支出大量保险费，却仍有可能患上保险范围以外的疾病，也有可能自己还没用到保险就与世长辞。

保险其实像赌博。保险从业人员好说歹说，让人焦虑不安，不仔细考虑，很容易不小心落入陷阱。

而我只是碰巧选择了步行这种不花钱的保持健康的方法。我还会利用健身房锻炼身体，阅读健康相关的书籍增长知识，通过高质量的保健品调节身体状态，等等。现在可以做的事情有很多。

人要过上充实的一生，需要满足最低程度的吃、穿、住需求，更需要健全的体魄。如果加上足够旺盛的好奇心，那真是夫复何求。

**不必筹备"未来"买保险，
要着眼"现在"花钱、花时间。**

23

控制食欲

控制食欲不靠"忍耐",
靠的是"肠道"

总是有人问我**是怎么控制食欲的**。因为我过着一日一餐的生活，旁人看来，我似乎拥有超强的精神力和忍耐力。

其实不是这样。我也想吃好吃的，也想和女生结伴出游。我绝非大彻大悟的苦行僧。

要控制食欲，首先知道一点很重要——控制食欲是不可以靠"忍耐"的。

就算想吃的东西忍住不吃，坚持一天、两天或几个星期节食减肥，在前方等待着我们的还有一个现实——复胖。这样的结果，许多有着减肥经历的人感同身受。

"你要忍耐饥饿"——我完全没想谈论毅力。

减少饮食的关键是"肠道"。

据说被西方尊为"医学之父"的希波克拉底，在公元前 5 世纪就提出了"所有的疾病都从肠道开始"的理论。

最近与肠道有关的研究进展神速。我们从科学角度得知，无论是皮肤变粗糙、提不起干劲，还是晚上睡不着、过敏，或是难以抵抗诱惑、无法抑制食欲，问题都出在肠道。

无法控制食欲是因为肠道功能失调，引起控制食欲的大脑中枢神经失控的关系。也就是说，因为不好的食物造成食欲难以抑制，即便试图控制饮食，也不由得感到意志薄弱，难以为继。

如果真的想控制食欲，首先要做的是改变饮食内容。只有这么做，才能改变用餐次数、分量等饮食方式，你的食欲也会渐渐回落。

我之所以能坚持一日一餐，正是因为我十分讲究这一餐的内容。如果我这一餐吃的是杯面、甜面包什么的，不仅难以控制食欲，恐怕也无法一直坚持到现在。食物就是有这么大的作用。

热爱健康养生的我，大量涉猎关于肠道的书籍。如果让我推荐一本的话，我会选戴维·珀尔玛特（David Perlmutter）写的《菌群大脑：肠道微生物影响大脑和身心健康的惊人真相》（*Brain Maker: The Power of Gut Microbes to Heal and Protect Your Brain—for Life*）。

"肠道第一"——饮食以富含膳食纤维的蔬菜和水果为主，如此一来，就能像我之前写的那样顺畅通便；因为肠道状态与肌肤状态紧密相关，我的皮肤问题也得到了缓解。另外，我推荐把调节肠道菌群的营养补充剂和膳食纤维粉放入饮料饮用——我自己也常这么喝。

我们常常听到"改变环境"或是"改变交往的人"这样的人生成功秘诀。即便是这本书，我也在传达"如果要减少物品，就搬进小房子"这样的理念。

然而，不管是什么样的成功诀窍，也许最重要的是"**改变饮食**"这件事。因为无论处于何种情况，**做出判断的是人类的大脑，是人类的身体**。

合理的判断需要健全的体魄,而健全的体魄,要靠平日吃下的食物构建而成。

为了避免错误的判断,我们先从食物的选择入手。

人生靠饮食决定。
如果想做出合理的判断,就调整肠道健康吧。

第 3 章

24

避开容易上瘾的食物

重度咖啡上瘾者,尝试戒掉咖啡因

我以前曾经是重度咖啡上瘾者。

做兼职的时候，轮班前我会喝上一杯，休息的时候再来一杯……无论如何要挺过一天的工作——我摄入咖啡因，把咖啡当作镇静剂。

咖啡因的最大功效是使人兴奋，它让人头脑清醒、睡意全无。另一方面，可以想到的副作用是容易使人上瘾、因为提神醒脑而影响睡眠质量。另外还有利尿作用，饮用者跑厕所的频率会增加，等等。

根据最近的研究结果，咖啡因被认为具有缓解疲劳、饮用24小时内记忆力增强等对健康有益的功效。它并非只有坏处，而是对人体有利有弊。研究指出，如果一天摄入300毫克以下咖啡因，完全没有问题。然而对咖啡因的耐受性很大程度上受到遗传因素的影响，很难把握适合自己的量。而我之前豪饮咖啡，明显是超出了自身适应的量。

后来，我渐渐开始因为咖啡因的兴奋作用造成的情绪起伏而烦恼，于是决定戒掉咖啡因。我的饮料从普通的咖啡替换成了脱因咖啡，从而避免了咖啡因的摄入。

所谓脱因咖啡，是指去除了90%以上咖啡因的咖啡。它去除了咖啡因带来的兴奋作用，只留下咖啡中优秀的抗氧化物质。虽然给人以专供怀孕或哺乳期的女性饮用的印象，但我还是觉得其他人也应该尝试一下。

话虽如此，世上还是"咖啡因派"占据压倒性多数，要过上"无咖啡因生活"，还是要下一番功夫。

我自己在家泡脱因咖啡,或是去熟悉的提供脱因咖啡的咖啡店。顺便提一句,连锁店中星巴克咖啡、塔利咖啡、上岛咖啡、星乃咖啡等店家均可提供脱因咖啡。

若是路过没有脱因咖啡的咖啡店,我会将注意力集中在菜单上的茶类。由于乌龙茶、绿茶等含有微量的咖啡因,所以我尽可能点路易波士茶、黑豆茶——时刻留意选择饮用不含咖啡因的饮料。

"无咖啡因生活"我已经坚持了一年多。首先情绪起伏的状况消失了,也不再有晚上睡不着觉的烦恼。不需要早上喝一杯咖啡醒神。头疼的频率、上厕所的次数也明显减少。

不仅是咖啡因,我也避开糖、酒精、烟、麸质(小麦)等容易依赖、上瘾的东西,让它们完全从家里消失。我也不会食用高脂肪、多添加剂的加工食品。

就像把普通咖啡换成脱因咖啡一样,我把调制豆浆换成普通豆浆、味噌煮青花鱼换成水煮青花鱼……花些心思、积少成多,效果大不相同。

"一没有了××,心就静不下来,变得焦躁不安"——眼见自己陷入这种上瘾的状态,与原先的自己仿佛大不相同,让人很不是滋味。

如果你想保持本真的自己,那就先戒掉身上的"瘾"。

**避开影响情绪的东西,
走出"依赖",找回自己。**

第 3 章

25

用饮食体验"极致豪华"

花些工夫做适合自己的菜

曾经有一段时间，我实践了"一个行李箱走四方"的生活方式。这种移动生活同时带来一大挑战——食品外包。

为了践行"不带厨具的生活"，我用了午餐护照（Lunch Passport）[1]，当时每天都在外用餐。如果在外就餐，就没有必要集齐厨具，也省去了做饭的工夫。电费、燃气费也省了下来。然而，那段生活让我得出了一个结论——**自己做饭是极致奢华。**

花自己的时间和精力，用自己选好的食材和调味料，做出适合自己的一餐。坦白说，没有比这个更奢华的了。

在外用餐既方便又轻松，只要付钱就能吃到美味的饭菜。但是如果想自己体验料理的乐趣，那就必须具备烹饪的技能，还必须准备食材、厨具，由此可见烹饪是一种奢华的行为。

另外从成本来看，只要不吃什么大餐，在外用餐相当便宜。如今出门上街，可以吃到100日元的汉堡、380日元的牛肉盖饭。随着时代的发展，在外用餐的成本也逐渐下降。

这一现象同样适用于用餐以外的情形。优衣库的出现让我们花小钱就可以买到优质的衣服，合租房的出现让房租变得更便宜。从今往后，花在吃、穿、住上的成本也许会继续下降，而自己做、自己吃就是**花自己的时间和精力**，这一点依然没变。正因如此，自己做饭会相对变得越来越奢侈。

---

1. 一种午餐卡，用户可以用一律500日元的价格享用700日元以上的午餐套餐。

好不容易通过减少无用之物，创造出自由的时间，我会把这些时间"奢侈"地用在自己做饭上。因为不论烹饪还是别的，"制作"这一行为本身就令人愉悦。

我备好了烹饪用具。煮糙米、蒸红薯，用适合一个人生活的 1.5 合（225 克）迷你电饭煲。我还准备了电磁炉、锅、小号水果刀和切菜板。锅我用的是宫崎制作所的产品，功能性强、外观简约，我非常喜欢。

我喜欢充分利用并享受食材本身的味道，家中只备有基础调味品，像是盐和椰子油。现在的我，会在家用鸡骨炖 6 个小时完成自制蔬菜汤。

听着蔬菜咕嘟咕嘟煮熟的声音，不由得发出"真豪华啊"的赞叹，这样的时刻着实可爱。

虽说如此，如果当天是和朋友或重要的人一起，我会把那天当作 Cheat Day（可以偷懒的日子），当天我不会拘泥于自己做饭或是一日一餐，而会享用自己喜欢的食物，牛肠火锅、拉面也可以。正因为很少有机会吃这些，吃起来会更加美味。

因为平日自己做饭，更凸显出偶尔在外用餐的妙处。这也是极简主义者才能体会到的反差之乐。

通过自己做饭调整身体状态，
也更能享受在外用餐的乐趣。

26

了解『健康』是最大的资产

正因为不会立时见效，
更要注重每天的应对

我曾说过"睡地板"的豪言壮语，但其实最近我买了床垫。

遗憾的是，原因并不是我交了女朋友。

事情的起因是，我因为流感，躺了几乎 2 个星期。受发高烧和关节疼痛之苦，我整整浪费了 2 个星期的时间。（病因是去人口众多的东京出差，工作日程安排得太过紧凑。）

之前，我一直觉得时间才是最大的资产，健康只是保障时间的要素之一，为了健康而生活是本末倒置。

如今流感康复后的我深信，**最大的资产是健康**。

就算确保了再多的时间，没有健康的身体便无法利用时间。维持健康的身体是保障时间最有效的手段。

我之前对于添置洗衣烘干一体机、扫地机器人等能"缩短时间"的物品都毫不犹豫。这些物品的效果立竿见影。把衣服放进烘干机，让扫地机器人工作的那一刻，你便可以预见之后的十几分钟。

然而健康状况却很难预见。就算一时暴饮暴食，产生健康问题可能要几个月，或是几年时间。就算感染了病毒，出现流感症状也要几天。

正因为很难看见立竿见影的效果，就更有必要每天有所应对。

这次，我添购了体温计就是出于这个原因。有了体温计，就可以定期测量体温，也许就能尽早发现身体状况的异常。

另外，在床垫上铺上羽绒被，睡起来果然舒适（这也是睡过地板之后才能体验到的幸福）。由于太过舒适，有些日子甚至舒服到不想从床垫上爬起来。

所以现在，我会区分睡地板的日子和睡床垫的日子。如果第二天一早有安排，就睡地板。如果身体疲惫，想宠一下自己，就睡床垫。

还有一点，这次流感期间，我买了加湿器。流感康复后，我把它用作香薰机，为提高我的睡眠质量出一份力。

另外，在我家里的洗脸台上放有冲牙器。当我看到"80%的日本人患有牙周病"这一可怕的数据时，立即买下了它。

如果省下将来去看牙医的时间和费用，这笔钱就花得值。

睡前用冲牙器，感觉口腔清新无比，现在我很难想象不用冲牙器就入眠。

回头看看自己的随身物品，**与健康相关的**占了多数。

堀江贵文[1]曾经说过："开始注意健康通常为时已晚。"我觉得这句话不假。虽然只为了健康而生活难免本末倒置，但身体健康是幸福人生的

---

1. 堀江贵文(1972—)，曾任日本门户网站活力门的总经理。

最低要求。

"以牺牲健康来保障时间"看似走了捷径,其实绕了弯路。当谈到健康时,让我们忽略效率。

**优先考虑健康,
与守时的意义一样。**

第 4 章 —— 让时间变得自由

第 4 章

27

选择让自己的时间变得幸福的东西

不被轻松所迷惑,
看清必要的东西

看电视的时候，真正感到快乐的时间只占总收看时间的13%——这是心理学家米哈里·契克森米哈赖（Mihaly Csikszentmihalyi）的研究成果。也就是说，看1小时电视，感到快乐的时间只有8分钟。

而埋头做自己喜欢的事情时，这一数据是34%，运动时则是44%。尽管如此，许多人花在看电视上的时间是花在其他娱乐上的4倍。

电视是一种"被动的娱乐"。只需手拿遥控器，按下开启键即可，作为娱乐的门槛很低。于是，人们常会有这样的感想："因为有时间，就看了会儿电视，可没什么意思。"

但是，像运动这样**自发的乐趣**，你需要自己安排、花钱、事先做准备。它们作为娱乐的门槛很高。所以人们容易选择前者（被动的娱乐），从某种意义上来看，也是情有可原。

人们往往会选择轻松的方式。如果不留意，人们将不会选择真正让自己幸福的东西，而会选择让自己轻松的东西。

我在"从消费者视角转向生产者视角"一节中提及节假日去商场的人们也享受着"被动的娱乐"。然而，生活中也有这样的例子——得益于一些小事而发现"自发的乐趣"。

我要说的就是自己通过**简约生活上门服务**（即造访在社交媒体提问、求助者的住处，进行上门清理服务）认识的前模特K女士的经历。

以客厅、卧室、厨房为重点，我花了3个月的时间，协助K女士减少物品。结果，K女士的生活发生了改变。

之前的她，常常一时兴起去商场购物，并通过消费来释放压力，而一次偶然买下的折纸让她着了迷。从此，她不再随意出门购物，而开始在家折纸、画画。

通过折纸，她发现了"生产"的乐趣，她不再浪费金钱，而是选择把握时间和家人充实地度过。"简约生活上门服务"也能带来如此幸运。

大多数人热衷于"消费的乐趣"，感受到"生产的乐趣"的人是少数。

往大街一眼扫去，时尚的餐厅、激发购物欲的杂货店一家挨着一家，但这一家家店全都"不为别的，只为取悦你"。

但是，一旦"生产"成为习惯，以往的"消费"可能摇身一变成为**"为了生产的消费"**。

我自己成为极简主义者后，通过写博客，分享尝试各类商品和服务的经验——"要是再这么做就好了""真棒，我也来模仿一下"。就像这样，我既是一名消费者，又可以从生产者的角度来思考事物。

这对自由职业的我十分有用。

不要让时间被"消费"夺走，
"生产"才是抵御消费的盾牌。

第 4 章

28

只在便利店领取包裹

一天 24 小时,
无须签名即可领取

我无法忘记那一天有多震撼——我第一次在便利店收取从亚马逊订购的商品。实在太方便了，因为便利店起了快递柜的作用。"我怎么过去一直没想到用呢？"我开始责怪自己。

首先，最方便的是一天24小时随时领取。平常的配送服务，要么是本人在家领取，要么就是本人不在，在邮箱里收到保管通知。

本人不在的时候，可以通过电话或网络请求再次配送，但基本上截止接待的时间是晚上7点，配送时间则是到晚上9点。如果本人晚回家，配送就要等到第二天。在一定时间内受限在家，这一点实在让人抓狂。

当商品送到指定的便利店，你就会从亚马逊上直接收到配送完成的邮件。随后你便能随时领取——可以是回家路上顺道一拿，也可以深夜再取。

领取的时候，只需在收银台出示配送完成的邮件中附带的"取货条形码"，扫码完毕即可取货。因为这一条形码兼具身份验证的功能，所以取货时不需要签名或盖章。

此外，这样还能最大限度地减少包裹被盗或送错的风险。

我之前就遇到过几次，要么是订单根本没送到，要么是比计划的配送日迟了几天才送到。

每当这个时候，我就会浮想联翩——"会不会快递员送错了？会不会包裹被别人偷了？快递员会不会在车里呼呼大睡呢？"送货时可能会出现各种各样的问题，真遇上什么情况，只能说是运气不好。

如果在便利店领取，至少可以防止包裹送错或被盗等意外情况发生。

而通知配送完成的邮件，可以为我们省去各种"为什么没有送到"的无谓联想，消除各种杂念。

要说缺点的话，在便利店取货可以指定日期，却不能指定时段，因此不太适合想尽快拿到的情况。有急用的商品不妨寄急件，根据需求调整适合的收件方式也是一着。

最近下单当日也能收货，这个世界真是太方便了。不过，我几乎没有什么急需的东西，在便利店取货就足够了。

还有一点，路过便利店，需要抵御"随手买点"的诱惑。一瓶啤酒加少许下酒零嘴，或是少量甜食……这么一买，你铁定变胖。如果你不是一个自律的人，便利店取货不太适合你。

顺带一提，据说目前所有的快递公司都缺司机，亚马逊的包裹运输也只是勉强应付。如果你选择在便利店取货，就可以减少一个包裹量的运送人力。这样做方便了用户，也为社会做了贡献。

**把便利店当作"快递柜"，
就不会被包裹所累。**

第 4 章

29

投资产出时间的工具

清空你讨厌的家务,
用省下的时间做喜欢的事情

我成为极简主义者的理由之一是希望能够避免打扫卫生。

事实上，物品减少之后，房间也不再杂乱不堪。

但是，生活中无法避免木地板积灰积尘。我之前一直使用普通的吸尘器清扫地板。

说实话，我真的不怎么喜欢打扫卫生。与其受累打扫卫生，还真不如睡觉、看书，或把时间花在自己喜欢的事情上……比起打扫卫生，快乐的事情比比皆是。

艾罗伯特牌的扫地机器人"伦巴"（Roomba）满足了我的这个小私心。"伦巴"与极简主义者的房间匹配度极佳。

照理说，使用"伦巴"的时候，需要清理地板上放置的物品，但因为我的房间本来就没有什么东西，又省去了这个环节。

看着"伦巴"活跃在我的房间卖力清扫，我不由得觉得，它真是为极简主义者而生的家电。

我买的"伦巴"是入门款机型，价格也要3.5万日元以上，高阶的机型更是高级家电——价格超过10万日元。其实我当时买下它需要很大的勇气。

但是下定决心入手，真的是做对了。

省下了自己打扫卫生的时间,把这些时间用在了做自己喜欢的事情上。从长远来看,我可以确定自己可以"回收"价值4万日元以上的时间。

顺带一提,我现在已经改用扫拖一体机器人"布拉瓦"。

它比"伦巴"更小巧、功能更全面,放在房间里没有丝毫的压迫感。它运行声音小,清理起来方便,对于怕麻烦的我而言真是一大福音。

看着它每天把地板擦得透亮,我甚至心生怜爱。

除了扫地机器人,还有很多东西可以让你从平常的家务中解放出来。

讨厌晾晒衣物的人可以用洗衣烘干一体机,讨厌洗碗的人可以用洗碗机,讨厌淘米的人可以吃免淘米。

不善熨烫的人,可以把衣物交给洗衣店。代做饭菜、代替打扫等家政服务也颇有人气。

当然,擅长烹饪、打扫的人大可不必使用这些。

但是那些觉得"打扫、做饭我都不行,能不做就不做"的人,那些"为了完成目标,埋头于自己喜欢做的和应该做的事情"的人,就放手把钱用在以上物品和服务上吧。

一直做你不想做的事情,这样的生活只会比你想象的更痛苦。

摆脱它，收获远比付出多。

停止做你不想做的事情，
专心做只有你能做的事情。

第 4 章

30

了解「消费物品等于消费时间」

摆脱"被物品不断夺去时间的人生"

乌拉圭前总统何塞·穆希卡因被称为"全球最穷总统"而出名。

他就任总统期间，虽然月薪1万美元（当时大约折合100万日元），却为了像平民老百姓一样生活，每个月只留1000美元（当时大约折合10万日元）生活费。

他是这么说的："我的生活其实很简单，不喜欢乱花钱，不喜欢大买特买。因为这么做才省下时间，这么做才更加自由。……最关键的问题是你在买某件东西时，并不是用金钱买下的，而是用获得这笔钱所花的时间买下的。如果需要为了支付账单、还贷而工作，那样不是自由。"

穆希卡总统提出了一种观念：购物时花费的不是金钱，而是时间。

许多人在购物时，只是抱持着"这个××日元，真便宜，买了""真贵，不买"这一程度的认知。

然而，如果按照穆希卡总统提出的"消费物品等于消费时间"的观念，思考方式便转化为"这个要××日元，买下它我要付出多少时间的劳动？这件东西真的是我愿意牺牲这些时间都想要的吗"。

我家里有一台洗衣烘干一体机。我花了14万日元买下了它。

当我把这件事情写在社交平台上后，被人讽刺："你真是过着殷实的生活啊！"

这台相当于我7个月房租的洗衣机确实昂贵，但我丝毫不觉得它奢侈，因为我觉得自己买的并不是洗衣烘干一体机这一"物品"，而是"自由的时间"。

买下这台机器，我自己洗衣、晾干的时间几乎为 0，我把这部分省下的时间投入更多的爱好和工作之中。除此之外，我不再需要把钱花在投币式洗衣机上，从长远来看，绝对回本。

讽刺我的人本着"金钱大于时间"的思维方式，14 万日元的洗衣烘干一体机自然被看作高档商品。

最近，我偶尔看到饭店前排起长队，原来是商户发起了"对特定手机运营商的用户免费"的活动。可是，这些最多只不过是甜甜圈、牛肉盖饭，就算自己买也才几百日元，真的有必要排 1~2 小时的队来吃吗？

"因为免费，不领就亏了"，这种出于"占便宜"的思维，却耗费了重要的资产——时间。

无论你多么富裕或多么贫穷，**时间这一资源人人平等**，而金钱也买不回失去的时间。

抱持"物品即时间"的观念，
不被"免费""高级"迷惑。

第 5 章 让思考变得自由

第 5 章

31

为了真正重要的 1%，舍去多余的 99%

需要的东西没那么多，
排除人生中不需要的东西

"莫非他是极简主义者？"

我读着将棋题材的漫画《3月的狮子》第一卷，看着主人公桐山零所住的公寓房间，脱口而出。

他的房间里只放着被褥和将棋棋盘。

没错，和我的房间如出一辙——什么都没有。

主人公桐山零，是在初中阶段就被称为神童的职业将棋手。

他的收入来源是对局费。他17岁时年收入就超过了3700万日元。为了在对局中获胜晋级，他日复一日地醉心于将棋的研究。

他下棋，下棋，下个不停，一起床就开始下棋，如此不断重复。

他的房间是不挂窗帘、阳台可以看见河景的一居室。他为了节约时间，只吃倒入热水即可食用的杯面。

我自己虽然不吃杯面，但如果以节约时间为目的，本人也爱吃的话，杯面也无妨。

容我赘述，对桐山零而言，需要的只是被褥和将棋棋盘。拥有的东西越多，生活中不必要的杂音就越多，这会削弱你的思考力和判断力。

所以，将房间里的物品减少到极致，空空如也，这样的环境最能让主人公集中精力在将棋上。

不仅将棋如此，如果你想一心专注于某件事情，**通过减少物品**，应该就能**提高效率**。

身边不放任何不需要的东西，去除干扰，你就能直面自己的本性。

有的人可能会觉得"不可能，这不是漫画里的故事嘛"。那么，让我来向你们介绍一则逸事。

演员高桥英树[1]，年过七旬时扔掉了重达 33 吨的东西。

他这么做的原因是"想用一整面地板来练书法"。

这就是极简主义。

为了达成目的，抛下过去的执念，这样的姿态十分潇洒。

"扔掉承载自己回忆的物品，这对孩子毫发无损。"他的这句台词让我印象深刻。

最值得一提的是，即便岁数增长、环境在变，但他依然严于律己，难怪他是日本的一流演员。

1.高桥英树（1944— ），日本演员、歌手，以出演古装角色出名。

极简主义的目的在于**通过减少物品来消除困惑，集中精力在重要的东西上**。

重要的东西对桐山零来说是将棋，对高桥英树老先生来说是书法，而对我而言，是从写博客开始"传播极简主义"。

无论在什么领域，通过单点突破不断取得成果的人着实强大。

极简空间营造"沉浸式"氛围，
通过单点突破获取成果。

32

抛开"钱、时间、空间、管理、执着"的杂念

把不必要的杂念抛在脑后
——通往"腾出手"之路

我在这本书里自始至终传达的都是"腾出手生活"（花小钱得自由）的魅力。但是，"腾出手"到底是一种什么样的状态呢？

答案是"心无杂念的状态"。

我觉得应该摒弃以下五项杂念——"**钱**""**时间**""**空间**""**管理**""**执着**"。

① **钱**——为维护成本高、没有必要的名牌货等"让你对钱感到焦虑的东西"打算。
② **时间**——为让人过分烦恼穿搭的衣物等"偷走时间的东西"打算。
③ **空间**——为过大的房子、过多的库存等"占据空间的东西"打算。
④ **管理**——为钱包、身份证件等遗失会造成麻烦的"需要管理能力的东西"打算。
⑤ **执着**——为不需要的礼物、过往的荣誉等"未来路上形同累赘的东西"打算。

尽可能不去思考以上五项杂念，这样的状态便是"腾出手"的状态。

比如说，我之前拥有的扫地机器人"伦巴"，具有定时功能。只需要设定好时间，时间一到，"伦巴"就会自行清扫。

多亏了定时功能，"差不多该打扫了""啊，我忘了打扫了"——我每天不再有这样的苦恼。也就是说，我的脑海里不再有打扫的杂念。

一名女性极简主义者说了这样一件事。她把发型标准化——留成没有刘海的波波头。这么一来，她就无须费力把刘海保持在合适的长度，也不用费时考虑下次做什么样的发型之类的事情。

还有一点,我没有考驾照。原因是我不想夺人性命。

没有驾照,自然就不会有自己开车的状况,也无须担心开车卷入事故,并因此耗费时间和金钱。

每次说到这一点,总会有人问"那么身份证明怎么办"。带有照片的住民基本台账卡[1]、个人编号卡[2]、健康保险证,有的是可以替代驾照的证件,我没有感到任何不便。

那些"本本族"空有驾照,没有自己的车,这样更显浪费了。更新驾照还费时费钱。

不是"带好B以备A",而是"需要A再带B"——这才是正确的顺序。很多人都把顺序搞反了。

比方说,如果我开始在乡下生活,开车成了刚性需求,那么到时再考驾照就行了。

如果你连不需要的东西也不想失去,紧握着不放,**到头来你反而会担心那些原本无须担心的东西。**

---

1. 住民基本台账卡,又称住基卡(住基カード),日本的一种身份证件。随着2016年1月个人编号卡的发行,住基卡已于2015年12月停止发行。
2. 个人编号卡(日语通称マイナンバーカード,即My Number Card)是搭载了IC芯片的身份证件。证件上有姓名、住址、出生日期、性别、个人编号及本人证件照。

抛开杂念，试着"腾出手"吧。

先前用于消除不安的精力，同样可以集中用在自己想做的事情上。

摒弃杂念，
这才是极简主义者应该追求的心境。

第 5 章

33

遵守「单点豪华主义」和「舒适原则」

选择简单、满足度高的花钱方式

我成为极简主义者后，就常有人对我说："涩谷[1]，你好东西可不少。真羡慕你有那么多可以支配的钱。"

其实当时的我还是兼职，一个月的收入只不过十几万日元。

我被误认为有钱人的原因很简单，就是"**严控物品的数量，从而在每件物品上花更多的钱**"。

穷人的房间东西多。据说，电视剧的道具组会在穷人角色的房间里添置很多东西，像是紧贴墙壁、颜色不统一的抽屉柜等，从而表现出"贫困"。

与此相反，如果要布置豪宅，就要减少物品，增加空的平面，表现出"富裕"。

买东西→钱变少→为了钱牺牲时间→东西变多，需要费更多的工夫整理、更换、寻找→没时间收拾整理，也没有闲情雅致→房间里堆满了东西→为了解压而买东西→（无限循环）：这就是"穷人的房间东西多"的逻辑。

到最后，陷入"钱越来越少，东西越来越多"的怪圈不能自拔。

其实，在我父亲个人破产、用钱困难的时期，我家里的东西堆得最多。

---

1. 原文 Shibu 是本书作者涩谷直人姓氏涩谷（しぶや，Shibuya）的前两个音节。

然而，光是东西少并不会显得富裕。说到底，重要的是花钱方式——什么地方省着花，什么地方尽管花。

我的基本方针是"**单点豪华主义**"（**All or Nothing**）。

需要的东西，尽管花钱。不需要的东西，一分不花。比起每周去一次家庭式餐厅，不如选择"平时在家自己做简餐，一个月去一次叙叙苑[1]"这样的花钱方式。半途而废是最浪费钱的。

思维方式通过这样转变为"质量大于数量"，逐渐做到严控物品数量，从而在每件物品上花更多的钱。

说起把钱花在什么地方，很简单——花在**每天长时间使用的东西**上。

科学研究也证明了"**花更多的钱在每天长时间使用的东西上，幸福感更强**"（**舒适原则**）。我把更多的钱花在了手机（一天使用 8 小时）、扫地机器人（一天使用 30 分钟）等东西上，这么做有助于提升满足感。

还有就是自己决定买什么东西要尽管花钱。

对我来说，这些东西是：智能手机、电脑等工具，与提升工作效率直接相关的工作用品，保健品、健身房会员费等健康类消费，节省时间、提高效率的生活小家电，获取知识、信息的书本。

---

1. 叙叙苑：日本的高档烤肉连锁店。

找到了自己觉得满意的花钱方式，就会自然而然散发出"富裕"的气质，最终形成类似"富人"的行事风格。

其实，别人视我"钱财无忧"并非我愿，只是比视我"一脸穷酸"要开心罢了。

心中一旦留意"更少"，
"选择与集中"自然做得更好。

第5章

34

将选项控制在三个以内

减少选项,走出"不幸的迷宫"

人们普遍认为选择还是多点好。因为选择越多，可能性也越多，人会变得越幸福。

然而，美国心理学家巴里·施瓦茨（Barry Schwartz, 1946— ）挑战了这一普遍认知，他认为"**选择越多，人越变得不幸**"。根据他提出的"选择的悖论"，选择多带来以下坏处。

① 产生无力感

在卖场销售果酱，陈列 24 款时，销量和陈列 6 款时相比，后者高达前者的 10 倍。这一实验结果被称为"果酱法则"。选项一旦变多，人就会陷入选择困难，索性放弃了购买行为。

② 满足感下降

你有没有这样的经历——买完东西以后发觉要是买那个就好了。选项一旦过多，就容易对自己的决定产生怀疑及后悔，造成满足感下降。对于不需要的东西，最好置之不理。

③ 期待值过度增加

选项多，自然"比较的对象多"。

举个例子，我之前旅行的时候路过高知县的便利店，发现里面摆放着大量的发泡酒（高知县发泡酒的人均消费量在全日本排名第一）。我忍不住会想："那么多商品可供选择，里面一定有超级好喝的发泡酒。"

因为品类齐全，把期待值拉得过高，就算喝下了好喝的发泡酒，也得不到想象中的满足感。

摆脱"选择的悖论"，方法就是**将选项控制在三个以内**。有三个选项可供选择时,最容易从中挑出一个。这一"松竹梅法则",你是否也有所耳闻?

相反,一旦选项超过三个,就容易心生疑惑,下意识地陷入平常的模式,最坏的情况是放弃眼前的选择。减少选项的话,不减少到三个是没有意义的。

再举一例。我前些天与这本书的编辑见完面后,相约去吃牛肠火锅。那家店的菜单上,牛肠火锅提供味噌味、酱油味或寿喜烧味的锅底,配菜菜单上也只有几种选择。

乍一看,让人觉得菜单上的选择真少,而结果是,我们对牛肠火锅心满意足。我们先点了味噌味的牛肠火锅,后来加点了牛肠和蔬菜,最后又点了寿喜烧味的火锅。店家通过控制可选项,让客人大饱口福。

如果把"将选项控制在三个以内"运用于日常生活中,像是买衣服、杂货时,事先选定三种颜色,或是休息日只安排读书、打扫卫生、去健身房,这么做如何?

选择一少,就不会感到困扰。虽然我现在每天穿同一副行头,即"将选项减少至一个",但首先,不妨以"将选项减少至三个"为目标吧。

尽量减少选项,
这是通往幸福的捷径。

第 5 章

35

不知足焉能幸福

与其做"最大化者",
不如当"知足者"

越是控制物品数量，重视质量大于数量，越容易陷入"因为这是我为数不多的东西之一，得追求质量上乘"这样的困局。

越是和更好的东西比较，就越容易怀疑还有更好的选择。

这种情况下我们可以参考"**最大化者/满足者**"的思维方式。和"选择的悖论"一样，它出自巴里·施瓦茨的研究成果。

所谓"最大化者"，就是找遍所有选项并进行评估，力求获得最好结果的人。另一方面，"满足者"则是思考自己的需求，**选择第一个符合其需求的物品。**

"满足者"在生活中满足于获取"够好"的东西。"够好"在大多数情况下足以让人满意。所以说，诀窍是"**选择一开始你觉得好的东西**"。通过快速选择，无须花时间烦恼，也为你省下了体力。

比如，我搬过两次家，每次都只看了一处房子就签了约。我对这两次搬家都非常满意。

假设一名毕业生是最大化者，他在就业的时候心想"会不会有更好的工作"，便一个劲儿地在职场东挑西选；他就算跳了槽，也可能想着"不该这样啊"，或是后悔如果在之前的岗位工作下去"说不定有更好的选择"——如此一来，他对工作的满足感就会变得很低。其实拿着一份还不错的工资，也很受上司和同事的照顾，这样就足够了。

在古代，老子曾说过"知足"，准确说是"知足者富"。如果由我来说的话，是**"不知足焉能幸福"**。

福布斯全球富豪排名（2020年）第四的沃伦·巴菲特，60年如一日住在简朴的房子里，这已成为家喻户晓的佳话。

"我有我需要的所有东西，不需要别的了。生活达到一定水准，再往上就没有差别了。"就连赚得盆满钵满的他，也是这样。

想住更大的房子，开更好的车，嫁个更赚钱的老公或娶个美女娇妻，想让孩子进更好的学校……可明明有地方住，有的是赚钱的方法，一家人也过得其乐融融——如果不停地和别人比，过分地"最大化"，便会招致自己的不幸。我觉得这样的人其实不少。

还有一点，"满足者"让我想到的是无印良品。

无印良品如果和其他高档品牌相比，商品的价格和品质都称不上超一流。然而很多人会承认他们家商品的设计和品质"够好"。这一评价应该也适用于优衣库。无印良品的小物、优衣库的衣服足够好。

"够好"绝不是妥协，**而是把控人生需要的一把尺。**

生活富足的诀窍是：
选择"够好"的东西。

36

只"为将来无须努力而努力"

化"麻烦"为动力

我是一个彻头彻尾的怕麻烦的人。

收拾、打扫之类的劳动，我都不擅长。与其做这些，我更愿意写博客、睡觉、玩任天堂Switch游戏机。

觉得一件事情"麻烦"，其实潜台词就是"浪费精力"。这种"浪费"即便再小，积少成多，也会成为巨大的压力。

所以，我时常考虑有没有什么可以消除"麻烦"的方法，或是如何让事情变得更轻松、更有效率。比如以下情况。

- **收拾**→减少物品，让杂乱不再发生。
- **打扫**→交给扫地机器人。
- **工作**→控制生活成本，减少需要赚到的数目。

如此一来，"麻烦"消除了，头脑中腾出的部分我们可以用来专注于"快乐"。

前些天，我读到了一篇介绍波兰发明的只需放入垃圾便能自动分类的智能垃圾桶的报道，被其中"科技胜于努力"这句宣传语深深吸引。

为收拾而努力、为打扫而努力、为工作而努力，以及为垃圾分类而努力……像这样万事皆需努力，无法努力的人被贴上了"废人"的标签。然而，当下随着科技的发展，"努力等于加油拼搏"的想法已不切实际。

努力被视为一种美德。但当你脑海中想着"我要加油"的那一刻，便证明了你并不适合眼前的事情。收拾、打扫、工作——如果你真的喜欢，你的身体自然就动了起来。

因此，我打算营造一个消除了麻烦、不用努力也可以持续的环境，即一个可以专注于自己喜欢的事情的环境。虽然我很讨厌努力，**但我可以"为将来无须努力而努力"**。

如果我感到麻烦，我会考虑能否提高效率或是依靠机器，或是检视能不能消除麻烦。

从前，打扫卫生、洗衣服、支付等各方面的事情都需要手工操作完成。科技的进步是一代代"怕麻烦"的先驱"为将来无须努力而努力"的成果。我们对这些"怕麻烦"的先驱感激不已。

虽然我举了科技的例子，但即便不依赖科技，比如只需减少房间里的物品，应该也能实现**"提高效率""自动化""丢弃"**中的一项。"努力、胆量、毅力"——我们不能只仰仗人的意志，让我们思考"怎么做才能不费力就办成事"。

我想专注于快乐的事情过一生。所以我想保持对"麻烦"这一情感的敏感度。创造一个无须努力也能顺利进行工作和生活的环境，这种"不努力的天分"，正是极简主义者具有的。

消除了"麻烦"，
就能专注于"快乐"。

37

不拉高生活水准，下调满意的水准，

知道自己的消费"天花板"
并保持这一水平

"卫浴分离1K[1]单间小套房每月64 000日元好便宜！没想到自己会习惯这么想"，这是乐团极度卑劣少女[2]的歌曲《某东京》中的歌词。即便是现在住每月租金2万日元房子的我，也曾经有一段时间对这段歌词深有共鸣。

我在东京生活的时候，住的是每月租金4.5万日元的合租房。既然在东京住，生活成本变高是难免的。因为我尽量不拉高生活水准，所以决定住合租房，这样可以把房租控制在最低水平。

然而如果一个人在市区住，租金价格差不多是一个月8万~10万日元。我再怎么说服自己，也无法摆脱本节开头出现的那句歌词里的感觉——"1K单间小套房每月64 000日元好便宜"。

因此，我决定离开东京，回到福冈。（我也开始发现"边旅行边生活"会带来各种麻烦，比如安排列车和住宿。）

"由俭入奢易，由奢入俭难。" 经历过父亲个人破产、生活水平断崖式下降，我理应对此深有体会，但真的做起来是另一回事。

所以尽可能下调自己的标准才是上策。考虑到这一点，如今我住在福冈的一套每月租金2万日元的房子里。

欣喜地买下100万日元的手表，价格往上看，还有价值1亿日元的手表。不过一旦明白"手表就算不是名牌货，防水、耐用做得好就够了"，那么自己就会在手表上有一个价格天花板——"3万日元的手表就

---

1. 1K指的是有一个房间，以及单独分隔的厨房的单间公寓。
2. 极度卑劣少女（ゲスの極み乙女）是成立于2012年的日本四人乐队。

不错了"。

然而就像我从福冈来到东京后生活成本变高，环境的变化可能导致我们不得不改变生活水准。对于必须住在东京的人，就得支付高额的生活成本，你别无选择。

这种情况下重要的是**就算生活水准无奈变高，也不拉高满意的水准**。

以我为例，因为知道房子对我来说六叠（六个榻榻米面积）的单间就够了，就算我在东京一个月租 1K 单间花 6.4 万日元，在其他地方租房我绝对不会花 6.4 万日元。因为满足"六叠的单间"这一条件的房子，不用花 6.4 万日元就可以找到。我选房的天花板是"六叠的单间"。

还有一点，事先把握自己的消费天花板尤为重要。

"要买下世界顶尖的艺术品，1 亿日元都不够，iPhone 运用了世界最先进的技术，大约 10 万日元就能买下很划算。"听到这一段话，我连连点头。

除了艺术品，像美食、音箱等"没有天花板"的东西很多，最好不要陷得太深。当然如果你喜欢则另当别论，一般情况像是音箱 3 万日元就够了，只要把握好自己的消费天花板就好。

时刻反省，
不要对铺张浪费习以为常。

第 5 章

38

敢于打破"自己的常规"

保持质疑,并重塑自己的常识

你知不知道SHACA SHACA——一款可以随机决定去哪家饭店的App？这个App的制作者，是我的朋友稻沼竣（@ShunInanuma）。

他的创意来源于以下想法："人生更随机一点好""用娱乐给世界带来些不便"。这算是对抗太过方便的当今社会的行动纲领。

"去哪儿吃？去哪儿喝？"→"选择起来好麻烦"→"最近美食网站上的评论没什么内容，我们自己去试试？"

据说，他设计SHACA SHACA这款App的起因与总是陷入这一流程息息相关。他灵光一闪："那我们就把一切交给随机吧！"

只要打开App，摇晃手机，就会随机显示出一家饭店，花费时间仅仅两秒。这款App并不会为你选出几家饭店以作备选，而是只锁定一家，不给用户留有任何选择的余地，痛快而干脆。

没有店铺的外观照片、星级评价或用户评论，也没有记录人均消费，App中显示的只有位置、店名和营业时间。之所以用极其简单的界面，据说是因为"这样做才有趣"。还说，正因为不知道会是什么样的店，来店里的路途，也成了一种娱乐。

这款App乍一看与方便差了十万八千里，而实际上它省去了花在"选择"上的工夫，还帮助你**深入了解你没有的经验**，真是相当优秀。

我用过这款App，可没想到它让我和一名男性友人去了一家法式吐司专卖店。不出所料，店里坐满了女性，只有我和朋友两个男的。

虽然进店的时候，我是真的尿了，但是这次体验让我一生难忘。我更了解了哪些店适合约会，也第一次知道沙拉中的西蓝花与蜂蜜的味道很搭。如果我只是去平时常去的店家，绝对不会知道这些。

作为极简主义者，我的吃、穿、用和各项行为，都按照惯例操作以提高效率。这么一来，减少了思考的麻烦，把多出来的时间用在自己真正想做的事情上。

然而提高效率的同时也会造成自身思维的固化。

我在之前写过，"不断改变"才是极简主义者的本质。如果思维变得太过死板，就会变得连"变化"都无法接纳。

所以，一方面加强日常生活中的惯例，但有时也要**刻意地制造一些"非日常"**。回家时选一条和平时不同的路、和素不相识的人说话，这些琐碎的小事不妨一试。跳出自己的条条框框，重塑常识，如此一来，带来的种种"变化"将更加完善自己的"常规"。

我作为极简主义者，也会效仿这种"总是质疑常识"的态度。

世间的常识也好，自己的常识也罢，
对于它们要保持质疑的态度。

39

最大限度地接收

"你认识的人"给出的信息

我对于用的、吃的、人际关系等方面，一直通过"保持在最低程度"来加以改善，但**对于"信息"，保持最大限度的接收**。虽然我也从书本中得到信息，但信息的主要来源当然还是数字化平台。

令我难以相信的是，许多人对"数字化"印象不佳。在一段时间内强制不用手机或不上网的"数字化断舍离"流行的原因，也许正是人们从根本上对"数字化等于恶"的价值观的认同。

说到底，疲于接触某些信息的人，他们所接触的信息源本身存在问题。社交媒体上老友无关紧要的晒日常是否让你有时欢喜有时忧？以前的我也是如此。

好不容易生在一个一部手机就能获取信息的时代，我们没有理由不好好使用。不是一味否定、一味惧怕，而是要有"把它用彻底"的意识——这点十分重要。学骑自行车也是如此，不多摔上几次，怎么可能学得会？其他领域也是这样。

比如，自从我知道了"廉价SIM卡"这一服务，每个月7000日元的通信费成功降到了1690日元。更重要的是，我就是在网上知道了"极简主义者"一词和其生活方式，人生因此发生了重大改变。

像这样，每天接收对自己有用的高质量信息，不断地拓展自己的可能性，生活也会变得更加轻松。

刷社交媒体、看新闻网站，我们身边每天流动着大量的信息。然而，我们并不需要对所有资讯了解得巨细靡遗，需要的是努力"接收"信息，靠自己的头脑分析。如此循环往复，"啊，我之前在哪儿听到过这个"，脑海中会生成某些关联。为了组成更多的"关联"，在脑海中形成更多记忆的"抽屉"至关重要。

首先，不妨先**将信息来源个性化**，接收自己感兴趣的领域的信息。

我常用的新闻阅读应用软件SmartNews和Gunosy，以及可以汇总阅读自己喜欢的博客、网站上最新消息的Feedly阅读器都非常方便。要是有人说"我主要的信息来源是雅虎新闻"，那么等同于他只享受了网络大约1%的便利。

我关注的点是"**写的人是谁**"。

前些日子，医疗相关的匿名总结分享网站爆出问题，让人记忆犹新。"发布这则信息的人，真的可以信赖吗？"我们需要养成确认的习惯，以免被虚假信息所迷惑。

另外一点，社交媒体很容易看出一个人的底蕴。通过深入接触，既可以得到有用的信息，又能原封不动地吸收他们的思想。

有一点必须常记在心，要做好信息过滤，以免混入他人无关紧要的日常、牢骚这类多余的信息。最大程度上减少干扰，创造一个信息只来源于感兴趣的领域和信赖人士的流通环境。

自己整理接收的信息，
靠头脑分析为我所用。

第 5 章

40

赢得人们的信赖

增加粉丝数量,把信用化作金钱

前些日子在推特上，悠斗（@yuto_le）发起了"1亿日元现金和100万粉丝关注，你更想要哪一个"的调查，引起了网上的热议。推特上的问卷调查的结果显示，72%的人选择"1亿日元现金"，28%的人选择"100万粉丝关注"。

如果是我，会毫不犹豫地选择"100万粉丝关注"。1亿日元用完了就没了，而关注你的粉丝一直还在。也许我这么说有些奇怪，但**信用可以多次使用**。

最近流行"粉丝关注优惠"，简称"关注优惠"。

这一优惠形式如下：通过社交媒体上一名关注者等于几日元（多数情况下为1日元）的比例来换算，从消费总额中扣除相应的优惠金额。奄美大岛的度假酒店、眼镜品牌"恩戴适"（OWNDAYS）等都实施了这一优惠政策。优惠并不限于粉丝数量，逗留期间发布内容获得的点赞数在有的地方也能换算成折扣。

根据粉丝关注数量定价的美发店也闪亮登场。粉丝数量超过5000的人免费。据说如果关注你的粉丝超过5000人，不仅可以享受免费理发服务，还可以用粉丝数"换取"相应金额的服务。

之前提到的"恩戴适"眼镜，会选择粉丝数量超过1500的客户给予优待，并每月支付他们5万日元的津贴。

如今，社交媒体已经不再只是交流的平台或寻找同好的工具。粉丝关注数、点赞数已经具有货币价值，并如学历一般作为社会价值发挥功能。

粉丝关注数等于信用度。社交媒体的普及将信用度化作数字，清晰可见。我的好友山口垒（@rutty07z）是一个"一部手机游天下"的男人。他通过众筹募集旅行资金，不带任何用品，只靠一部手机飞往国内外的旅行地。旅行费用靠手机电子支付，衣物什么的到当地再购买，或是运用租赁或共享的方式。他真真切切地实践着"空着手"旅行。

"用自己的信用办事靠谱"，他以此为准则行事。"有谁能让我住宿吗"，他在网上发布这么一句，就会有某位粉丝为他提供住宿；在电子支付可能无法使用的乡下，他发布"有没有人可以和我一起吃饭"，也会有人请他吃一顿。粉丝数量越多，越有可能享有这样的待遇。只要有信用，甚至可以携带更少的物品旅行。

但是，也有些人害怕在网上抛头露面。我当然知道自己又露脸，又秀房子，这样毫不遮掩存在风险，而且我本来就有些害羞。但是，公开自己所换来的好处之大足以一举抵消它带来的坏处。

而且这样的好处并非活跃于网上的人的特权。事实上，我的熟人里有不少人一边在公司工作，一边经营社交媒体，增加粉丝数量，并成功将其与工作相联系。再有名的人，一开始也是普通人，当今时代像推特这样的社交平台可以免费从零开始经营，剩下的就是做还是不做的区别。

**有了信用，
空着手旅行、找工作都成为可能。**

41

积极转化自卑感

"少""不够"是一种魅力

我比父亲矮了10厘米，甚至，连妹妹都超越了我的身高。在身高上，我已然是极简主义者。

另外，我家里除我之外都身体健康，偏偏我患有特应性皮炎、过敏、哮喘……我一度怨恨这样的自己是"基因失败的作品"，我偷偷穿起内增高鞋，伪装自己。

甚至有一段时间我还怀疑自己是不是父母的亲儿子。

然而，自从抛下外貌焦虑，对自己抱有信心后，我的想法发生了彻底改变。

现在我反而觉得矮个子也不赖。高个子的身高优势确实很吸引人，**但矮个子也有矮个子的魅力。**

比如说，个子矮不会有压迫感，让人不易起戒心。因此，很容易让人产生亲近感，建立起人际关系。

另一方面，需要的能量也少，较少的饭量就能管饱（我之所以可以一日一餐全靠这点）。关于寿命，许多研究表明个子矮的人能活得更久。

我原来可以长寿！

之前在打工的时候，我被一名素不相识的女生要了联系方式，甚至还进入了交往阶段（所谓的"倒追"）。

当时我问她怎么会喜欢我,她回答说"因为你清清瘦瘦的"。

"就因为这个?"我记得自己在惊讶之余,被深深打动——因为"我遇到了一个人,我感到自卑的地方,她却说她喜欢"。

有人喜欢我本来的样子。

这一简单的事实给了我巨大的自信。从那之后,我喜欢上了瘦小的自己。

许多生来健康的人,到了三四十岁因为感到身体机能衰退,或是体检时某个项目查出问题,才开始考虑自身的健康。

我从小就因特应性皮炎、过敏、哮喘而烦恼,留下许多痛苦的回忆,但也因此,年少时我的健康意识就很强。现在我自认为是一个"养生男",并且得到了大家的认同。

正因为过去经历过苦恼,才会在第一时间意识到健康的重要性,并采取对策。

比起那些自以为健康,一直吃老本,发现问题为时已晚的人,我觉得自己甚是幸运。

"少""一无所有"这些词一般情况下偏贬义,但是**有些东西"正因为少"而有魅力,有些真相"正因为一无所有"而被洞悉。**

自卑感可以成为推动人们前行的动力。

自卑感可以成为武器,
也可以成为你的魅力所在。

第 5 章

42

停止浪费才能

通过"找到强项"
加深对自己的理解

我的才能是"收集"。

你可能会觉得"明明你什么才能都没有",但其实这是自我分析工具优势识别器(StrengthsFinder)测试的结果——在 34 项能力中,我"收集"这一能力排名第一。

一开始,我看到这个结果有些吃惊,"哎,我是极简主义者啊……",但听了相关分析内容之后,我认可了这个结果。原来它所说的"收集"并不是指对物质的关心,而是指**热衷收集信息、知识等"无形的东西"。**

得知这一结果也让我有了清晰的自我认识——自己是"通过读书、旅行等方式积累经验从而获取营养,这样就会变得幸福的人"。

近年来,世上兴起了"**直面物品**"的热潮,人们关注的重点没有放在"添加"物品上,而是放在了"减少"物品上。断舍离、简易生活、整理术,当然极简主义也在其中。

我觉得这种现象的起因是**大家并不了解自己**。在减少物品的过程中,人们得以了解"原来我想过这样的生活"。

物品是自己的一面镜子。

我的好友,以"自我理解"为创业项目的 Mee 公司的法人代表八木仁平(@yagijimpei)说的话相当令人玩味。

"世上的选择变得过多,在 1 亿种选择中寻找自己的时代即将到来。"

"自我理解是认识自己、协助自己攀登高峰的工具。"

"自我理解"意味着缩小而非扩大你的可能性。自己在哪里可以发挥优势、显示才能，并凸显这一才能——可以说这一想法和极简主义不谋而合。

要了解自己，除了优势识别器，我还推荐"内向型、外向型诊断"和"九型人格测试"这两个工具。通过加深自我了解，我对其他人的了解也有所深入，例如"那个人是让我棘手的类型，他应该具有××方面的特质"。

说到底，"做自己"或是"对自己有信心"，是**一种能够把控自己的状态**。例如，人在紧张时无法正常发挥，那是因为无法把控自己。

电影《搏击俱乐部》[1]中有这么一句台词："你占有的东西终将占有你。"[2] 做你自己的最快方式是通过减少物品、重新审视人际关系，学会把控自己。

极简主义者之所以在生活中神采奕奕，是因为他们对自己有透彻的了解。

减少选择，理解自我，从而带来自信，成为一个人与物都无法左右的自己。

---

1. 《搏击俱乐部》（*Fight Club*），1999 年上映的美国黑色幽默剧情电影。
2. 原文是"The things you own end up owning you"。人在拥有的过程中，反而被拥有的人、事、物所捆绑，变得为它们而活，让它们拥有了你的人生。

如果不了解自我，如同徘徊于一片黑暗之中。反之，如果了解自我，便能毫不犹豫一路向前。

如果知道了身处何地、与何物相伴、与谁相处会让自己感到幸福，那么你就不会再想添加生活中无谓的选项。

通过了解自我，
获取人生必要的"把控感"。

第 6 章

让人际关系变得自由

43

不是将「物品」，而是将「经验」当作资产

旅行的回忆是一生的珍宝

有一种思维方式受极简主义者们重视——"**经验大于物品**"。物品只在买下的瞬间给人满足感，而从旅行、阅读中学到的东西、得到的经验会伴随一生，因而给人更高的满足感。

"经验大于物品"有其科学根据。

美国心理学家利夫·范博文（Leaf Van Boven）、托马斯·吉洛维奇（Thomas Gilovich）的最新研究，证明了"**将钱用在经验上比用在物品上得到的满足感更高**"。根据他们的论文——

▷ 物品带来的幸福感并不长久。
▷ 有形的物品有可能被人夺走，而经验无法被夺走。
▷ 人们很容易习惯幸福的感觉。就算东西到手，还会想"下次我要更好的"，欲望很可能越来越大。
▷ 物品因等级不同存在价格差异，忍不住和他人比较。

于是得出结论：不要在物品上花太多钱。

即便买了东西，也不觉得心满意足——我觉得其根本原因是虚荣，即"被认可欲"。

人类是"希望得到他人认可"的生物，自然具有"被认可欲"。然而许多人往往不靠"自己做成的事情"，而靠"自己拥有物品的价值"来满足自己无谓的欲望。与其靠装备为自己助威，不如赤膊上阵更帅气。

关于这点，如果你重视经验，那就能从"与他人的比较"中抽身，心中留下的回忆将成为你的资产。极简主义者们常说"减少物品、放弃不必要的东西，人生将变得更加丰富"，此言不虚。

我现在每月花 7 万日元来维持必要且最低限度的生活，剩余的钱会用于像旅行之类的活动来积累经验，也会花在书本和其他信息平台上，以增加知识。

让我举一个把钱花在积累经验上的例子吧。我曾经从福冈到东京去上朋友教的舞蹈课。虽然交通、住宿都要花钱，但不想辜负自己"一定要参加"的念头，于是我下定决心，去了东京。

后来，我不仅学会了跳舞，还在活动中遇到的小伙伴家留宿，甚至太过开心差点错过回程的班机——如此种种都成为我的记忆，留在心中。

如果我把这次花在舞蹈课上的钱，用在买不必要的名牌或是奢侈品上，虽然花费的金额相同，但获得的满足感一定很低。

有数据显示，现在二十多岁的人活到百岁以上的可能性很高。

与过去相比，现代人会活得更久，"经验大于物品"的价值观也会变得更加重要。

物品有限，经验无限。
拥有有形的物品，
不如拥有无形的经验。

第 6 章

44

60万日元以上便不再存款

多余的钱不断分给别人

成为极简主义者之后，我的生活开销变少，也有了多余的钱。

存钱让钱闲置也没什么意思。所以我**决定把钱分给别人**。

比如，我想让更多的极简主义者使用我喜欢的苹果产品，便参加了社交媒体上一个叫"#MacBookおじさん"（MacBook大叔）的计划。把价值13万日元的苹果笔记本电脑作为礼物赠予学生中的极简主义者。

同时，出于"让我喜欢的极简主义者被更多人知道"这一想法，我在我的博客上开始了名为"极简主义者的包中物"的采访计划。自己跑去受访者所在地，进行采访。除了必需的交通费，我还向抽出时间的受访者支付礼金，表达谢意。

我之所以像这样把钱分给他人，是因为把钱用在自己身上已经满足不了我。

就在这之前，我把过极简生活多余的钱用于自我投资。就算贵，也会买下真正想要的东西，想读的书立刻买下、花钱去旅行、买保健食品、买工作用的电脑和相机……这些花钱的地方我觉得都与自我成长相关。

然而，最近我就算把钱用在自己身上也感觉不到幸福，真正想要的东西基本都到手了。

既然这样，我希望把钱用在我认为需要用钱的人身上。与其一个人无意义地不停攒钱，不如这么做，钱花得才有意义。

就像这样，我的存款一直在 60 万日元上下。

60 万日元这个标准的依据是"**一年的最低生活必需费用**"。[我参考了生命网络（LifeNet）人寿保险的创办人出口治明先生的著作《写给工作的你——"金钱"的教养》。]

有人问我："要是遇到突发情况怎么办？"我认为到那时再考虑就行。即便发生结婚、生育、住院等意料之外的事情，有一年份资金的安全保障，足够应付。因为可以用少量的钱过日子，我一点也不会焦虑。

当然这一金额因人而异，会根据成家与否、生活方式的不同而变化。计算这一金额的大前提是了解我前文写过的最低生活成本。

我本来就讨厌"为了未来而忽视现在"的想法。这不仅适用于物品，也适用于金钱。未来只是由现在的积累而构成，认真对待现在就是对未来的保障。

人是这样一种生物——储蓄越多，就越攥在手里生怕失去。无意义**地存钱并只以看存折余额为人生目标——这对我来说是最糟糕的状态。**

因此我不断把钱分给别人。之所以用"分给"，而不是"投资"这个词，是因为我不求回报。

因为不是投资，钱打了水漂也没关系，我想得很通透，如果有回报，我甚至会觉得幸运。

若是厌倦了自我投资,
就通过"把钱分给别人"满足自己,也满足他人。

45

不要成为"恩情的奴隶"

恩情不是用来回报的,
而是用来传递的

极简主义的我的身边，总有这样的声音："这是朋友给我的，不能丢。""这是父母给我买的，要留着。"

我觉得这与是谁给的没有任何关系。

恩情不是用来回报的，而是用来传递的。

如果勉强接受恩情，就会成为恩情的奴隶。恩情的暴力会使人痛苦，所以做人决不能施恩图报。

我希望你先站在"给予方"的角度来思考。假设你送了朋友礼物，你会不会再问朋友"前一阵子送你的那个东西，你还在用吗"？你肯定不会问吧。如果你真问了，我想让你借此机会，认识到自己做人有多糟糕。

"不要勉强接受恩情，不要施恩图报。"说的就是这个。

我曾把我不用的行李箱、全新的苹果笔记本电脑，通过社交媒体送给别人。我完全不求任何回报。

如果对方手头紧，转手卖掉也无妨；不再用了，处理掉也没关系。从某种意义上来说，我并没有抱任何期望。

物品在被赠送的那一刻起就开始损耗老化。随着时间的推移，自然而然变得不再符合接受方的喜好。对此，给予方没有任何权利干涉对物品的处置。

如果对方因你赠送的礼物而受苦,你又会作何感受呢?

"这东西我并不喜欢,可又不能扔,真头疼。"
"都收了这么多,不还礼可不行……"

你希望对方欣然收下的礼物,却成为对方沉重的负担……这一结果并不是你所期待的。

因此,我送人礼物的时候,**基本上只送消耗品**。

要是送礼送了不喜欢的衣服,只是给对方平添麻烦;赠送有形的礼物存在风险,我个人感觉"送有形的礼物就好比送一颗炸弹"。

为新生儿送礼,就算对方流露喜欢婴儿服的想法——"多几件衣服不碍事",但对方其实心里想的是"最好还是送礼金、商品券"。

给予方必须慎重行事。

你想扔的时候,扔了就好。

因为这种心情的源头是"说真的,我好想好想扔,但没办法,是别人送我的,不能扔"。

另外记得,把传递给自己的恩情,再传递给别人,从而实现"恩情的循环"吧。

**从"报答恩情"走向"传递恩情",
让物品、金钱、恩情都"循环"起来。**

第6章

46

明确表明"讨厌什么"

能说出"喜欢那个，讨厌这个"才是极简主义者

"比起讨厌什么，用喜欢什么来说明自己吧！"

这是漫画《异域漂流作家》的台词。想必不少人虽没有读过漫画，却听过这句台词吧。

这句台词紧接着是这句——"为什么总是要互相揭短、彼此伤害呢？挺起胸膛说出一件自己喜欢的事情，比百般辱骂帅气得多吧。"我以前对此非常赞同，但现在稍有不同。

准确来说，我认为"**喜欢要说出来，讨厌也要说出来**"才是应该有的态度，一个只能说出"喜欢"的世界太过无趣。

我有一份"**无用物品清单**"：虚荣、忍耐、恩情、努力、掌控他人、别人的常识、囤货、存钱、过高的固定费用、被动交往、为了收纳而收纳、花样图案、无用的信息、大房子、私家车、香烟、浴巾、打印机……

这份"无用物品清单"也可以解释成"讨厌物品清单"。

在这份清单里，我尤其讨厌香烟。为了满足自身的欲望，不惜吐出二手烟伤害别人的健康，简直与霸凌无异。如果真要吸烟，至少要顾虑下别人，选个远一点的地方吧。

之前有一次，我在喝酒的聚会上，被同桌的人问"能否（在座位上）吸烟"。那家饭店并不禁止吸烟，所以在那家店抽烟本身没有任何问题。

但是对方是在知道我讨厌烟味的情况下,说出这句话的。

所以,我是这么回答的:"你要抽可以,不过我就回去了。"

我并没有直接问过对方听到这一回答作何感想,不过当天他没有吸烟。

当然,当时现场的气氛稍微有些僵。

但是也多亏了这样,我和身边的朋友不用受二手烟之苦,可以愉快地享用餐点,而我和那个人也断绝了来往。如果当时我没有勇气表达"讨厌",恐怕只能在座位上苦苦忍耐,心不甘情不愿地和那个人维持着表面上的交往吧。

也正因如此,我觉得人们口中常说的"喜欢的反面是无动于衷"这句话是错的。

因为我讨厌吸二手烟,所以我表明了态度。如果我对烟味无动于衷,我就不会生气了。

换句话说,正因为喜欢,才能对讨厌有所反应;也正因为讨厌,才能被喜欢的东西所吸引。虽然我们常常避开负面词汇,但我认为**"讨厌"这种感觉也有它的价值。**

当然,我们没有必要进一步阐述"讨厌",也并不想要改变或者驳倒对方的意见,我只想做一个可以毫不犹豫说出自己意见的人。

能够说出"喜欢那个、讨厌这个"的人,比左右逢源号称"那也喜欢、这也喜欢"的人更值得信赖。

为了尊重"喜欢",
明确表达"讨厌"吧。

第 6 章

47

不要害怕伤害别人,或是被别人伤害

"原来也有这样的想法呢"无法收场

说清是非曲直，需要极大的能量。

拒绝参加喝酒的聚会如此，向恋人提出分手更是如此。

"随便""什么都行"这样讨巧的生活方式较为轻松，所以很多人都选择这么做。

像是"每个人有每个人的想法""原来有这样的人呢"这种场面话谁都会说，我觉得用这种打哈哈的方式收场是最无趣的。

世上本来就存在各式各样的价值观，这点毋庸置疑。正因为世上没有绝对的正确答案，我觉得最好**不要让自己的意见模棱两可**。

可能是成为极简主义者以后吧，"出于××原因，不再拥有××"——我像这样明确表明是或否的情况变多了。这么一来，总会有人跳出来规劝我"每个人有每个人的想法"。

我的熟人这么对我说过，也有与我素昧平生的人通过社交媒体向我指点。

"世上什么样的人都有""想法因人而异"……这么基本的常识，我当然知道。

正因为知道，我才要鼓起勇气，说清楚"我是这么想的"。

人生来就不平等。我出生在一个富裕的家庭，但也因为父母离婚而曾经失去一切——我既体验过"被眷顾"的生活，也体验过"不被眷顾"的生活。

家里有钱的时候，听到朋友的爸妈不给他买游戏机，还心想"为什么呢"；反之，过着穷日子的时候，我眼巴巴地看着朋友们一个个不停地买新衣服。我对于人与人之间的差别就是这么敏感。

人与人终究不同。所以轻视或者羡慕别人，在某种程度上无法避免。

"四海皆兄弟，交流通心意"，我觉得**这种想法蛮横无理**。当"对方应该懂我"的期待落空时，愤怒的矛头会变得异常尖锐。

本来人就会伤害别人，也会被人伤害。当我说出"喜欢"某物的时候，自然会伤害到"讨厌"它的人，反之亦然。若是因为这样，伤害到了某个地方的某个人，也是无可奈何的事情。如果顾虑这个、顾虑那个，连"喜欢、讨厌"都说不出口，那真是既憋屈又无聊。

成为极简主义者，是一项凸显自己"喜欢"的事物的持续作业。选出"喜欢"的事物，除此之外，尽数排除，打造能让自己全身心投入时间和金钱的环境。

"身居四叠半""一日一餐"，这些我喜欢做的事情，有时不仅不被理解，反而会被完全不认识的人指责。

然而，拜这些人所赐，我不再介意自己与别人不同。正因为我打心底理解**"不同的意见都值得尊重"**，所以别人的批评我不加反驳。

我觉得这么一个可以畅所欲言的世界,真的很不错。

正因为本来就存在多元价值观,
说清楚讲明白才更加重要。

48

不会消耗对方能量的物品

别轻易送出千纸鹤、贺年卡等有形的东西

心系灾区折好的千纸鹤，对灾民反倒成了累赘。

"周末去当志愿者，我们原本应该为受惊而颤抖的灾民盖上毛毯，为饿肚子的人煮上一碗猪肉味噌汤，但我们空出手、腾出时间处理从全国各地送来的千纸鹤……"

这段小故事来自阪神大地震的灾民、搞笑组合金刚的成员西野亮广。

不光是这个例子。意外的是，许多人在送礼的时候自以为是，全然**不顾收到的人有何感受**。他们毫无恶意地送出礼物，满心以为对方会一脸欢喜。

结果很多时候都是以"好意反添麻烦"而收场。更重要的是，送这样礼物的人还不自知，真是糟透了。

说到"好意反添麻烦"，贺年卡就是这样。

我觉得贺年卡是礼物中最消耗接收人能量的物品。保管占空间、处理费时间，还有被迫回信的压力……贺年卡还未被淘汰，实在不可思议。当然了，希望大家不要寄给我贺年卡。

说到送的人乐意，收的人欢喜的礼物，非"不愁处理"的物品莫属。说到底，不管收到什么礼物，人们都会因为别人"给自己送礼"这一行为而欢喜。然而，必须附上一句"不会造成接收人的困扰"。

毕竟真正想要的东西，自己就会买。从一开始大家就并没有期待收到礼物的质量。

所以至少要做到**不送消耗接收人能量的物品（送不愁处理的物品）**。现代社会物资充足，这么做应该就行了，说不定对方还会满心欢喜。

即便如此，还是会出现"无论如何都想送一些让对方开心的东西"的情形。这种时候，我会选择**用钱表达心意**。购物券、购书卡——以前就有这样的礼物形式，现在这种形式更是推陈出新。

比如优衣库、无印良品、宜家等推出的预付式礼品卡，对于开启新生活的人再适合不过了。

喜欢咖啡的人，我会送星巴克的eGift，这是通过连我、电子邮件、社交媒体发送的电子礼品卡，无须以"物品"为媒介就能传达心意。像亚马逊的礼品卡，如果选择问候式卡片的话，还能附上留言。

无论是通过网络就能轻松赠送的礼品服务网站"giftee"，还是朋友间小额集资平台polca，有趣的服务平台陆续问世。其中，以发出的消息"每个字可兑换5日元"的网站LetterPot让我拍案叫绝。

送礼等于赠送有形的物品——这格局未免太小了。

希望这个世上，因为收到没用的东西而为难的人，可以减少一些。

心意是最棒的礼物，
"想让对方开心"这一想法最有价值。

49

只和能带来利益的人往来

人际关系因利害得失而建立

我在"明确表明'讨厌什么'"一节中提到，我和用餐时问我"能否吸烟"的那个人，后来便不再来往。

我把这件事情写在了博客上，有读者提出了这样的意见："只看别人的某一面，就来判断值不值得交往，难道你只和为自己带来利益的人往来吗？"

说得没错。我认为人与人的交际往来也是一种利害关系。

读者朋友们又问："如果是涩谷你尊敬的人或是关系很近的朋友如法炮制，问你可不可以吸烟，你也会说'不'吗？"

如果HKT48组合的宫胁咲良本人，当着我的面问我"可以吸烟吗？"，也许我会回答"可以"。

因为她太可爱了，就算她真要吸烟我也勉强可以接受。然而，现实中并没有发生这样的事情，再说宫胁小姐也不抽烟。所以"如果××做出××的话"这样的问题，根本毫无意义。

我认识的人和我尊敬的人里也有烟民。不过他们会考虑到不吸烟的人，因此会离开座位去吸烟。**正因为他们会替人着想，彼此的交情也一直得以维系。**

前些天，我刚好有机会参加一场人数较多的喝酒聚会，虽然聚会人数多达14人，但没有一个人在用餐的时候吸烟。我觉得这是我筛选交际往来对象的结果。因为再怎么想，也不可能是其他13个人都事先说好

"涩谷发飙就不好办了，我们就别吸烟了"。

确实，只靠吸不吸烟这一个方面，不可能了解一个人的全貌。但是很多时候，我们只凭借对方的某一方面就做出判断，对方也这么判断我们。找工作、找对象的时候就是这样。

"这个人一眼看上去好像工作能力不太行，不予录用。"
"这个人感觉很棒，也很聊得来，好想和他做朋友，我问他加'连我'吧。"

在短暂而有限的时间里，不可能掌握每个人的全貌，所以只能戴上自己的滤镜做出判断。正因为如此，我致力于在短暂的时间内正确传达自己的形象。

即便现在，我也只和能带来利益的人交往。

这里所说的利益指的是"**替人着想、说话有趣、值得尊敬、相处愉快**"等。

而损失则是"说话无趣、不懂得体贴人、看了就让人生气"等。

综合计算这些得失之后，利益占上风的人才是我交际往来的对象。

育儿便是很好的例子。虽然费钱费力，但"孩子的笑容给我带来幸福"这一点占了上风，所以人们养育下一代。

因此，我想和"**虽然有让人讨厌的一面，却无伤大雅的人**"往来。"虽然他说话很损，但说得在理、让人尊敬，就想和他一起玩"，这样的人际关系弥足珍贵。

当然，如果有人觉得我不值得交往，不妨与我分道扬镳。我也希望继续做一个能被别人选择、能为他人谋利益的人。

物也好，人也好，脱不了利害关系。
为自己，为他人，筛选时擦亮眼睛。

第 6 章

50

物品要少,『心灵的依托』要多

拓展人际关系,分散风险

虽然我尽可能地减少随身物品，但在人际关系上我铭记"淡而广"。

我喜欢的众多想法中，有一条是"**自立就是增加依赖的对象，希望意味着分享绝望**"。这是患有脑瘫的儿科医师熊谷晋一郎先生说的话。

人类或依赖物，或依赖人，必须依赖各种对象才能生存。因此，通过增加依赖的对象，并淡化对单一对象的依赖度，让人产生了从不依赖的错觉。这种状态，便是"自立"。

以我为例，学校的同学、工作的伙伴、网友、游戏"搭子"、合租房认识的人——这些都是我的"依赖对象"。物品选择越少越好，唯独人际关系，我觉得选择越多越好。

一方面，依赖对象少的话，关系就变得封闭，很容易受种种限制。

家暴就是典型的例子。像亲子之间、配偶之间，因为这类关系存在独占性，就算被打被骂，也难以选择断绝来往。

另一方面，依赖对象多的话，每段关系的依赖度就比较低，便不会存在过度依赖的状况。就算靠其中一个走不通，还可以依赖其他对象。

人际关系不同于物品，把控起来很有难度。物品的话，只要花钱，还能重新再买。就算下错单，在亚马逊上点一下按键就能取消订单。人际关系却没那么简单。

话虽如此，勉强自己和讨厌的人来往也大可不必。我们之所以可以决定、选出与谁来往、与谁不来往，是因为我们有较多可以依赖的对象。

如果房子的支柱只有一根，那么房子很容易倒塌。支柱越多，房子就越稳定。就算失去一两根支柱，房子也不会摇摇欲坠。

我在"手机选大屏"一节中提到，这其实是一个"把什么最小化"的问题。我选择大屏手机，是为了将用眼疲劳最小化。拓展人际关系，是为了**将风险最小化**。

特别是现在，通过社交媒体，任何人都可以轻松地与他人建立联系。我也有许多住址、电话号码甚至连真实姓名都不知道的熟人。

如果是浪费时间、金钱在不想去的喝酒聚会上，不在我的讨论之列。维持轻松愉快的人际关系，有助于增加将来能够拯救自己的"安全网"。

这并不只限于人际关系。收入来源、技能专长等，你拥有越多这些"无形的东西"，就越能应对各类风险。

在投资领域有一项定律："想守住财产，就分散投资；想主动出击，就集中投资。"

在人际关系上，守大于攻。

增加"依赖对象"，
是通往"从不依赖"的唯一途径。

后记

我在一个极繁主义家庭中长大,懂得要钱有钱、要什么有什么的幸福滋味。

想要那个流行的款式;朋友有了,我也非买不可……真是没完没了。我无止境的欲望,和满足我这些欲望的(父母的)金钱,让我坐拥数不尽的物品。

当时我只懂得靠物质来彰显自己,而父亲的破产强制结束了这样的生活,我失去了一切。从那以后的几年里,我的记忆里只有痛苦和羞耻。

一开口就是抱怨,一件专注的事情都没有,就那样还自视甚高。

当时为我带来光明的,就是极简主义。极简主义的妙处,正如我在本书正文中描述的那样。

现在我光是靠博客的收入就足以维持生计。老实说,每月收入在7

万日元以上。

不过，从今往后我还是会一直选择"花小钱得自由"的生活方式吧。

因为过多的金钱与虚荣，都不是需要的东西。

直到现在，我才明白，我并不是因为无物一身轻才改变了自己，而是因为打心底想改变爱慕虚荣、烂泥扶不上墙的自己，才变得忘我无我，无物一身轻。

其实自从我知道极简主义，一直走到现在的极简生活方式，整整花了3年的时间。"想要那个""这个不能丢"，这一路上我一边挣扎，一边反复试错，将东西加加减减才终于达到现在的状态。

很多人都说我"你真想得开""你这是开悟了"，但其实我也有各种困惑。不过一旦我在困惑、苦恼中选择了对自己重要的东西，那么在前方等待的就不再是一个爱慕虚荣、烂泥扶不上墙的我，而是一个能让我稍稍抬起胸膛的自己。

所以，如果你不太喜欢现在的自己，如果你不满足，不妨先放下虚荣，尝试用最少量的金钱和物品生活吧。一开始，变化可能微乎其微，但不久后你终将迎来一个改头换面的自己。

当我无所事事的时候，是极简主义让我找回了自己，现在我由衷地感到推广极简主义是我值得一做的事情。能够将心中所想出版成册，我真的很高兴。

在此我想感谢购买本书的读者、浏览我博客的网友，以及制作本书的日本Sanctuary出版社。

在编辑本书的过程中，有一些编辑不再使用钱包、戒掉了咖啡因，甚至还有编辑丢掉了存放已久的旧日记。如果我能为大家带来哪怕一点点的影响，没有比这更让我高兴的了。

不需要的东西毫不犹豫地脱手——这才是极简主义者。

假如你已经轻装上阵、准备好迈出下一步，那么这本书你也可以处理掉。

给需要的页面拍个照，再立刻脱手也无妨。如果有人说想要这本书，也可以转送给对方（但是绝对不能强行推销）。正如我在"退场策略"中提到的，把东西卖掉也是一种方法。

因为读书的目的是吸收知识，而不是拥有一本书。

另外，这本书所写的，是**我个人的极简主义**。

希望你不要照单全收，而是找到最适合你**自己的极简主义**。

你的存在不需要多余的行囊装扮。

腾出手，活出自在吧。

感谢养育我的父母和我一路上遇到的所有人。

2018 年春　极简主义者Shibu/涩谷直人

※ **本书介绍的信息、服务以书籍出版时为准**，之后内容可能存在变更。

参考文献

书籍

[1] ロバート・H・フランク.幸せとお金の経済学[M].フォレスト出版,2017.
[2] David K. Randall. Dreamland: Adventures in the Strange Science of Sleep[M]. W.W.Norton & Company, 2012.
[3] メンタリストDaiGo.直観力[M].リベラル社,2017.
[4] ひろゆき.無敵の思考──誰でもトクする人になれるコスパ最強のルール21[M].大和書房,2017.
[5] 岡本太郎.強く生きる言葉[M].イースト・プレス,2003.
[6] 船瀬俊介.できる男は超少食―空腹こそ活力の源![M].主婦の友社,2015.
[7] 長尾和宏.病気の9割は歩くだけで治る!～歩行が人生を変える29の理由～簡単、無料で医者いらず[M].山と渓谷社,2015.
[8] デイビッド・パールマター/クリスティン・ロバーグ.「腸の力」であなたは変わる[M].三笠書房,2016.
[9] メンタリストDaiGo.ポジティブ・チェンジ[M].日本文芸社,2015.
[10] エリック・バーカー.残酷すぎる成功法則　9割まちがえる「その常識」を科学する[M].飛鳥新社,2017.
[11] トム・ラス.さあ、才能（じぶん）に目覚めよう　新版　ストレングス・ファインダー2.0[M].日本経済新聞出版社,2017.
[12] リンダ・グラットン/アンドリュー・スコット.LIFE SHIFT[M].東洋経済新報社,2016.
[13] 出口治明.働く君に伝えたい「お金」の教養[M].ポプラ社,2016.
[14] 西公平.ツギハギ漂流作家[M].集英社,2006.
[15] 四角大輔.自由であり続けるために20代で捨てるべき50のこと[M].サンクチュアリ出版,2012.

网站

[1] ITmediaNEWS.キャッシュレス派と現金派で"貯金格差"か　貯蓄増加額に2.7倍の差　JCB調べ[Z/OL].[2018-03-19]. https://www.itmedia.co.jp/news/articles/1803/19/news136.html#utm_term=share_sp.
[2] 株式会社MM総研.スマートフォン契約数および端末別の月額利用料金・通信量（2015年3月）[Z/OL].[2015-06-11]. https://www.m2ri.jp/news/detail.html?id=43.
[3] メルカリ.「大掃除と断捨離」に関する意識調査[Z/OL].[2017-11-24]. https://about.mercari.com/press/news/articles/20171124_survey_report/.
[4] 東海オンエア,YouTube.気づけなかったらガチ没収」てつやの物たくさん盗んでみた!!![Z/OL].[2018-01-19]. https://www.youtube.com/watch?v=DXXRsHm1Rlw&feature=youtube.
[5] ないとーVlog,YouTube.「総額160万円」 iMac Proを買う、そして壊れる。[Z/OL].[2018-03-20]. https://www.youtube.com/watch?v=u6mvs3Qh8kU.
[6] アプリマーケティング研究所.インスタ女子による「インスタ疲れ」や、メルカリのシェア倉庫化、 YouTuberは「芸能人ではなく友達」など、スマホユーザー9つのトレンド（2017）[Z/OL].[2018-02-08]. https://appmarketinglabo.net/smaphotrend2017/.

[7] 新井由己 note. ムヒカ大統領から日本人へのメッセージ [Z/OL]. [2015-10-18]. https://note.mu/tokotonstudio/n/n7a263959e554.

[8] パレオな男. うつ病？と思ったら、腸内環境の悪化も疑ってみよう [Z/OL]. [2015-03-24]. https://yuchrszk.blogspot.jp/2015/03/blog-post_24.html.

[9] パレオな男. なぜお腹を壊すと頭まで悪くなってしまうのか？ [Z/OL]. [2016-07-21]. https://yuchrszk.blogspot.jp/2016/07/blog-post_21.html.

[10] パレオな男. 食欲が止まらない！と思ったら、腸内環境の悪化も疑ってみよう [Z/OL]. [2015-03-26]. https://yuchrszk.blogspot.jp/2015/03/blog-post_47.html.

[11] U-NOTE. ホリエモン「健康意識が芽生えるのって手遅れになってからなんだよね」今からできる病気予防って？ [Z/OL]. [2017-04-28]. https://u-note.me/note/47507158.

[12] TED,YouTube. バリー・シュワルツ：選択のパラドックスについて [Z/OL]. [2007-01-16]. https://www.youtube.com/watch?v=VO6XEQIsCoM.

[13] CAMPFIRE. キンコン西野の新サービス「レターポット」の開発費用を集めたい [Z/OL]. https://camp-fire.jp/projects/view/48069.

[14] 公益財団法人東京都人権啓発センター、TOKYO 人権第 56 号（2012 年 11 月 27 日発行）[Z/OL]. https://www.tokyo-jinken.or.jp/publication/tj_56_interview.html.